国家出版融合重点实验室、人教数字教育研究院规划课题成果
课题名称 学习者视角：技术赋能初中语文项目学习课例研究
课题批准号 RJA0222005

激 活

语文学习力

吴钟铭◎主编

自然篇

现代教育出版社
Modern Education Press

编 委 会

妙处无心物自春

最近翻书，看到有这么一段话："学问精深的专家对'常识'的定义和普通人往往大不相同，容易把自己研究领域中相当专门的知识当作常识，要求孩子必须掌握。'怎么可以这都不懂？'于是专家的'常识'一粒灰，压到普通孩子头上就是一座山。"[1]读了之后，心有戚戚焉。现在的学生，从阅读的角度来说，有三座大山压在他们头上。第一座大山就是那些收录在教材里的课文。这些课文大多够得上"经典名篇"的桂冠，但可惜的是，一旦拥有这项桂冠，往往也就有些可望而不可即了。第二座大山是教材指定的"整本书"。和经典名篇相比，这座山可能更为沉重。但是对这座山有躲避的可能。学生会用各种方法逃过从头到尾地、认真仔细地读这些书。第三座大山就是专家的解读。专家们可能会使出浑身解数来帮助学生理解经典，但有时实际效果却是在上述两座大山上堆土垒石，让人感觉越发沉重。

为什么会出现这种情况？是教材编写出了问题，还是专家

---

[1] 罗振宇.阅读的方法 [M].北京：新星出版社，2022：194.

解读出了问题？应该都不是。问题的关键在"经典"和"时间"这一对范畴的关系上。阿德勒讲过，名著不是一年两年的畅销书，而是经久不衰的著作；毛姆说过，经典"就是那些经过时间考验而已被公认为一流的著作"。用最简单的话来说，就是无时间，不经典。在时间流逝中，很多红极一时的文字悄然无声地退隐了，而有些原本默默无闻的文字却开始崭露头角。时间就是一个巨大的筛子，它删除冗余信息，留下宝贵财富。这就是经典之所以为经典的原因。但同时，时间也拉开了我们与经典的距离。时间让整个社会秩序都发生了巨大的变化，过去被认为理所当然的事，现在可能变得让人无法理解，所以会闹出"朱自清的父亲违反交通规则"这样的笑话。

还有语言。语言是时间长河中翻腾得最起劲的浪花之一。倒未必是词汇的变化或语法的不同，即使这些都不变，我们也能感觉到言说"腔调"的不同。香菱作的诗"意思有了"，林黛玉还嫌"措辞不雅"，说的就是诗歌语言的"腔调"。这种言说"腔调"的变化，是在不知不觉中推进的，而作家则往往得风气之先。他们会在作品中对日常语言进行变形、强化甚至扭曲，也就是说"对普通语言实施有系统的破坏"[1]。这种破坏一方面让语言变得生机勃勃，另一方面，

[1] 雅各布森.现代俄国诗歌·提纲1[A].俄苏形式主义文论选[C].北京：中国社会科学出版社，1989：2.

也给语言打上了鲜明的时代标签。也就是说，不仅一代有一代之文学，同时一代有一代之语言。陌生的背景加陌生的语言，读者与经典在一定程度上产生隔阂是自然的事。所以，经典的阅读绝对是一件不轻松的事。难怪有人说"大多数原典，对我们普通人并不友好"[1]。

然而，有两个原因，导致我们必须去拥抱那些"并不友好"的经典。第一，每个国家都有自己的语言，由语言构筑的经典，是民族文化的重要组成部分，作为后人，我们必须汲取这些经典对我们的精神滋养，同时也责无旁贷地要将经典传承下去。第二，我们是语文老师，我们的责任就是帮助学生克服上述的种种困难，翻山越岭去走近经典，触摸它的脉动，感受它的精妙，传承它的智慧，并在这个过程中让学生学会学习，激活语文学习力。这项工作该怎么做，非常值得探讨。放在我面前的这本书就做了一次有益的探索。

这套书有一个醒目的关键词，叫作"悦读"。什么是"悦读"？"悦读"就是无压力地阅读，不感到有负担地阅读。为了追求这个目标，本套书的编者做了这么几件事情：首先是和一般的教辅"划清界线"。不跟着课文亦步亦趋，而是将初中三个年级的教材内容进行整合，提取出五大主题，根

---

[1] 罗振宇.阅读的方法[M].北京：新星出版社，2022：199.

据主题重新组合。这个动作完成了对教科书的解构，让这些经典名篇以一种新的面貌出现在学生面前，让他们可以跃出自己所在的年级，有更多的阅读选择，可以在更广阔的名篇海洋中遨游。这好比让你吃规定的一道菜和提供一桌子菜让你选择，哪个让你更开心？结果应该是不言而喻的。其次是放弃了最有可能成为图书卖点的阅读理解题。语文学习中最让学生挠头的大概就是阅读理解——准确地说，是做阅读理解题。那些题目的答案好像永远捉摸不定。于是，附有标准答案的题目往往就会热卖。但这种做法未必对激发学生的学习兴趣有好处。这套书规避了题海，自然会让学生感觉大松一口气，从而营造出一种愉悦的阅读氛围。

我觉得这里的"悦读"，兼有形式和内容两方面的意义。形式上的意义前面已经说了，"悦读"就是让学生获得更多的自由，也包括可看可听（每个篇目都有二维码，可以扫码收听相关内容）。第二点，也是更重要的，是"悦读"对建构学生阅读经验的意义。《义务教育语文课程标准（2022年版）》在谈审美创造时提到，要让学生"通过感受、理解、欣赏、评价语言文字及作品，获得较为丰富的审美经验"。这是审美创造的基本路径，也是阅读的基本路径。感受就是接触和浸润，从中获得感性认识；理解是对内容和形式的认识；欣赏则更进一步，在理解的基础上，能分辨什么是值得赞美的；最高的层次——评价，即通常说的鉴赏的"鉴"，就是在之前感受、理解和欣赏的基础上给出自己的判断。在阅读教学中，理解和欣赏是最受关注的，而感受和评价则比较容易被忽略。而"悦读"名篇就是加大感受的力度（不是没有理解和欣赏），同时用不设思考题和标准答案的形式留给学生开放的评价空间，不让阅读成为一种负担。生活中，若非必要，没有人愿意去做负担很重的事，如果让阅读成了负担，成了学生不愿去做的事，那对我们的教育来讲无疑是一种失败。古人有敬惜字纸的传统。即便目不识丁的渔人，也"凡见字纸，必加爱惜，不敢作践"。其中，不仅有对字纸的虔敬，也包括对字纸的兴趣。这固然和当时造纸技术不发达、能认字写字的人少有关。现代社会纸张不缺，识字写字的人也遍地都是，但是对文字符号所表现的东西有珍惜之心和浓厚兴趣，仍是特别需要的。而要保有兴趣，让阅读成为一件令人愉悦的事情是绝对必要的。李家同先生说："念书应该是一件轻松而有趣的事，如果念书是一件严肃的事，大家永远不可能有终身念书的习惯。"而"终身念书的习惯"对一个人的人格养成具有极为重要的意义。因为"我在阅读时，不仅是在花时间看书，也是在投入时间培养一个更博学的自己"[1]，一个精神世界更充盈的自己。"悦读"在这一层面上的意义，也即指向兴趣，指向精神世界，是比形式上的轻松更为重要，也更有意义的。

最后要说的是，"悦读"并非随随便便地读，编写者对这套书的完整性、独立性和连通性都有周密的思考，解读也是细致到位的。同时，"悦读"也未必对提高语文学习成绩无用。这套书试图搬走的是学生阅读的第一座大山——读不懂课本中的经典名篇——的压力，由此及彼，亦可对解决第二座大山的问题产生有益的影响。至于第三座大山，我觉得这套书里是不存在的。这里没有高深莫测的学术的"一粒灰"，编写者都是久站初中讲坛的，娓娓道来的解读就写在文本边上，就像知心姐姐（哥哥）在和你促膝共读。没了压力，有了兴趣，谁说对阅读理解就没有好处呢？妙处无心物自春。让我们轻轻松松地尽情享受阅读的愉悦和美好吧。

是为序。

2023 年初夏

[1] 汤姆·摩尔.唯有书籍——读书、藏书及与书有关的一切 [M].李倩，译.上海：上海文化出版社，2023：82.

细读，切问，慢品
——关于本书的一份"说明"

读文章，怎么读？众说纷纭，各有千秋。本书提供了一些阅读文章的方法，但这不是本书的主要目的。本书的主旨是：帮助学生"悦读"经典文章，给学生提供愉悦的阅读体验，提升学生的阅读能力。

本书不是"教学参考书"。尽管它也有部分辅助阅读学习的作用，但很显然，我们努力地与市面上那些刻板解读课文和出阅读理解题目的教辅书保持距离。所以，如果要想"医治"阅读"解题困难症"，本书没有立竿见影的效果。本书更注重的，是对学生阅读能力提升和阅读思维培养的帮助。本书希望通过对课文名篇旁批细读的方式，为学生提供一种阅读能力提升的"登山杖"，为学生强化阅读能力，翻越阅读理解这座大山提供支持。

那么，这本书有什么可期待之处呢？学生又该怎样使用这本书呢？

第一，排编独特，方便对照。本书采用"原文＋旁批细读"的编排方式，为学生提供方便的阅读"工具"。学生可在原文和解读文字之间来回穿梭阅读，读懂课文文字呈现的独特风景，理解其背后蕴含的深意，也能关注到阅读时容易忽略的细节。

第二，教师微课，立体拓展。这本书在细读上还很用心地采用了二维码音频微课的模式，使阅读更加"立体"。这是由我们编写老师用心编写的音频微课稿，侧重作品的背景介绍和阅读方法提示，真人真声为学生提供阅读"甜点"。学生在使用音频微课时，可以探索适合自己的方式：既可以在细读文字后，听老师讲一些拓展知识，总结阅读方法；也可以在阅读某一篇作品前，先听一下音频微课，对作品的"前世今生"有总体的了解，这样阅读的时候可以更深入地理解作品。

第三，老师的话，指引思路。书中的每篇作品包括不同的内容模块，除了前面说过的旁批细读模块、音频微课模块以外，在篇章页还设计了"老师的话"，以此开篇，为学生提供阅读思路的指引。这三种不同的内容模块组合起来，实际上就相当于这篇文章的一门微型课程。读作品前先去读读"老师的话"了解课文大概，再与课文原文"对照"细读文章，最后听听音频总结阅读方法，那么，就相当于上了关于这篇作品的一门微课，这份收益会让你有一份特别的惊喜。

第四，开拓思维，提升能力。使用本书，学生可以边读边给自己提几个问题。善于提问，是阅读能力提升的很重要的标志。虽然书中并没有就内容提出任何问题，但并不妨碍学生自己阅读的时候"脑洞大开"。在阅读时，可以想一想：这样的解读，你同意吗？或者，你有什么新的想法？可以用笔批注在原文旁边，和本书的解读者一起完成对课文原文的解读，并借此主动锻炼自己的阅读思维。如果你真的这样做了，你会收获另一份惊喜。

第五，慢读细品，增强感受力。阅读本书，你需要静下心来，慢慢品味。不仅是因为原文都是入选教材的经典名篇，本身具备丰富的阅读价值，值得慢品；还在于，本书的解读文字既有语言美，又有意境美。在当下，学生要具备慢读中的感受力，让自己能够全身心沉浸在作品营造的情境氛围中，而不是匆匆忙忙地一瞥而过，记住答案即可。这样，你会发觉，慢读带给你的不仅是知识的收获，感受力的增强，也有看世界角度的改变。

　　慢慢读，细细品，切问近思。让我们在文学风景品味鉴赏中，提升阅读力，激活语文学习力。

　　　　　　　　　　　　　　　　　本书编者
　　　　　　　　　　　　　　　　　2023 年初夏

目 录

春·朴实清新中的隽永

作者◎朱自清

解读者◎严琨

　　情感色彩浓郁，意境情境交融，语言清新自然，是朱自清散文的特色，也是他"文章之美"的意蕴所在。朱自清在《春》这篇文章中，是怎样把感受到的美好传递给人们，并使之受到感染而产生共鸣的呢？关键在于语言艺术。文中比喻和拟人的运用尤为巧妙，既是修辞手法，也是艺术表现技巧。因而，分析揣摩文中的比喻句、拟人句，体会具象背后的象征意义，将浅读和深究相融合，有助于在感受文章之美的同时，领悟到作者对春的哲思。

春 朴实清新中的隽永

开篇是对春的期盼。反复、拟人的修辞手法，整散结合的形式构成动人、欢快的旋律，使得盼春的热切跃然纸上。在作者的心中和笔下，春俨然就是一位分别了一年的老朋友，如今又回来了。此处不说春天的美好和可爱，而一切美好和可爱已尽在其中了。

> 盼望着，盼望着，东风来了，春天的脚步近了。

随着"脚步声"的迫近，美景映入眼帘，来不及细看，一派生机勃勃的气息便扑面而来。"一切"将大地万物囊括无余。

> 一切都像刚睡醒的样子，欣欣然张开了眼。

从"刚睡醒"到"……起来了"点面结合地勾勒出春天的全景，同时也展现出春天由微小到茁壮的变化过程。"山、水、太阳"的具体形象分别搭配"朗润""涨""红"的具体行为，声如耳闻，形如目睹。"起来了"分别紧随"朗润""涨""红"后，一切便在读者眼前欣欣然了。单音节词双音节词交错使用，由上文的先整后散变为先散后整，给人错落有致之感，诗意的旋律自然流淌。

> 山朗润起来了，水涨起来了，太阳的脸红起来了。

小草偷偷地从土里钻出来，嫩嫩的，绿绿的。

此时的春草像人间的精灵，悄然地、坚定地从冬天走来，俏皮可爱，充满灵性。一个"嫩"字，将生命初生状态的娇弱、水灵表现得淋漓尽致。"嫩嫩的""绿绿的"叠词的运用，使读者的头脑中不自觉地出现植物刚冒芽时的状态。一种疼惜、怜爱之情就自然而然地从字里行间生发出来。

园子里，田野里，瞧去，一大片一大片满是的。

由点到面，视线所及之处都是这绿的世界。要是没有范围的变化，没有这反复，那"一大片"无论多大，也必定单调。

坐着，躺着，打两个滚，踢几脚球，赛几趟跑，捉几回迷藏。

人们在草地上玩耍是那样的尽情，那样的舒畅。告别封冻了一冬的粉妆玉砌的世界，来到满是绿色的草坪，沐浴着春阳，甚是惬意。没有溢美之词，通过对草地上人的动作状态的描写来展现草的柔软舒适、人的愉悦欢快，体现的是咀而"味之不尽"的含蓄美。

风轻悄悄的，草软绵绵的。

齐整的节奏，照应的是明亮欢快的心境，给人以余韵袅袅、绕梁三日之感。特写春草，不忘带着春风，局部之间相互照应，正如鲁迅的评价：朱自清的散文"漂亮而缜密"。

作者选取了最能代表春天特色的花——桃花、杏花、梨花来描写。"你不让我""我不让你"描绘出桃花、杏花、梨花争奇斗艳、密密丛丛、繁花似锦的姿态，运用拟人手法表现花儿们在春天里竞相开放的热闹劲儿，如同小孩子玩游戏，就是要在嬉笑打闹的过程中，才会慢慢长大。

借助"闭了眼"的联想和花下的蜜蜂蝴蝶，另辟蹊径，带着读者从另一个角度去感知春花怒放时人们内心的欣喜和兴奋。美丽的花儿开得绚烂，蜜蜂与蝴蝶的加入更增添了热闹。读这段文字，仿佛在品赏一幅轻快明朗的水彩画。在这幅画中，远处可见五彩缤纷的繁花，近处可听蜜蜂的低吟，上有蝴蝶的翻飞，下有野花活泼俏皮的眨眼，在描绘春的画面的同时注入了美的情致。这样，几许春色，几多诗意，便从一幅活动的、立体的画面中溢了出来。

用南宋僧人志南的"吹面不寒杨柳风"的诗句，来状写春风的温暖、柔和。犹恐读者不易领会，紧接着来了一句人人都能领会的摹写"像母亲的手抚摸着你"，一下就把读者带入现实生活最熟悉的画面中。诗意地引出春风的柔和软的同时，温馨感也扑面而来。

桃树、杏树、梨树，你不让我，我不让你，都开满了花赶趟儿。红的像火，粉的像霞，白的像雪。

花里带着甜味儿；闭了眼，树上仿佛已经满是桃儿、杏儿、梨儿。花下成千成百的蜜蜂嗡嗡地闹着，大小的蝴蝶飞来飞去。野花遍地是：杂样儿，有名字的，没名字的，散在草丛里，像眼睛，像星星，还眨呀眨的。

"吹面不寒杨柳风"，不错的，像母亲的手抚摸着你。

风里带来些新翻的泥土的气息，混着青草味儿，还有各种花的香，都在微微润湿的空气里酝酿。

"酝酿"一词，妙不可言，春的味道何其芬芳，何其醇厚！作者从气味角度写春风，不仅强化了春的氛围，也将此段与上两段关于草、花的描写自然地连接起来。

鸟儿将窠巢安在繁花嫩叶当中，高兴起来了，呼朋引伴地卖弄清脆的喉咙，唱出宛转的曲子，与轻风流水应和着。

春风还把春鸟的歌唱、牧童的笛音送入人的耳朵，"与轻风流水应和着"。一个"唱"字，鸟鸣之声何其动听！一个"卖弄"，那鸟儿又是多么欢快！可见作者遣词造句的功力之深厚！变抽象为具体，并且诉诸读者的各种感官。

牛背上牧童的短笛，这时候也成天在嘹亮地响。

本是看不见摸不着的过程，细细品味，画面感十足，诗意的情味也慢慢氤氲开来。被春风裹挟的温暖，被春景陶醉的感动也就呼之欲出了。

雨是最寻常的，一下就是三两天。

春雨是春天最具代表性的景物，此句既指出了春雨绵绵的特征，又强调了春雨的常见。"两三天"将"寻常"具体化，这样充满形象感的表达，流露出作者对春雨的期待和喜爱。

可别恼。看，像牛毛，像花针，像细丝，密

一句"可别恼"引导读者关注下雨时的美景——"牛毛""花针""细丝"这些具象的物体刻画的是越来

密地斜织着，人家屋顶上全笼着一层薄烟。树叶子却绿得发亮，小草也青得逼你的眼。

> 越密的雨给屋顶带来的朦胧美，雨后的树叶是绿得发亮的，小草也不再是当初娇弱的样子，而开始闪着自己的光芒，青得逼你的眼。成长中的小草的变化，不正是人成长过程中应有的变化吗？

傍晚时候，上灯了，一点点黄晕的光，烘托出一片安静而和平的夜。

> 浪漫诗意的画面，犹如怀旧电影，温馨之感油然而生！

乡下去，小路上，石桥边，有撑起伞慢慢走着的人；还有地里工作的农夫，披着蓑，戴着笠的。他们的草屋，稀稀疏疏的，在雨里静默着。

> 雨里的人，不疾不徐，好似在慢慢享受这春雨的轻柔。形式上的长短错落的节奏，也与作者从容不迫、惬意舒适的情绪合拍。稀稀疏疏的草屋，也欣然地和春雨亲密接触着。润物细无声的春雨使得这草屋，这农夫，这雨伞，像梦一般朦胧和美好！此时，段首的"可别恼"也有了足够的支撑。

天上风筝渐渐多了，地上孩子也多了。城里乡下，家家户户，老老小小，他

> 春景蓬勃了，随之而来的，人们也变得更有朝气，男女老少都出来了，舒活筋骨、抖擞精神，在这美好的春光中劳作、嬉戏、生活。无论怎样的生命形态，都是充满希

们也赶趟儿似的，一个个都出来了。舒活舒活筋骨，抖擞抖擞精神，各做各的一份事去。"一年之计在于春"，刚起头儿，有的是工夫，有的是希望。

望的，充满活力的。而这，都是春天所激发出来的！对春天，对美好的向往之情，也流露了出来。

春天像刚落地的娃娃，从头到脚都是新的，他生长着。

春天像小姑娘，花枝招展的，笑着，走着。

春天像健壮的青年，有铁一般的胳膊和腰脚，他领着我们上前去。

这几段表达了对春天的赞美。作者独具慧眼，敏锐捕捉到主体和喻体的"质"的相似点，把春天的美丽赋予"刚落地的娃娃"的勃勃生气美，"小姑娘"的艳丽容颜美，"青年"的健壮身姿美，写出了春天由开始走向盛大的过程。比拟修辞手法的运用使抽象的"春天"有质感，发射出诗意的光辉，淋漓尽致地抒发的深的一种情感发了对春天无比热爱和热情赞美的的情感沉感情。同时又表达出对自然一种感悟，形成一种渐次高昂的波澜，使全文在热烈的情绪中结束。

朱自清的散文，给人一种清亮之感。诚实做人，诚实写作，这是朱自清真实的审美趣味。世间不缺美的东西，而缺发现美的眼睛，更缺感受美的那颗心。朱自清以他真诚的审美情趣感知到春草、春花、春雨和春风的美，给我们呈现了一幅幅美轮美奂的春光图。《春》写的不是某一特定地方的春景，而是作为季节的"春"，是带着浓烈的情感的，写春天到来时的那些最富有特点也是最能体现春之新鲜、美好、生机盎然的场面，以优美的语言描写春回大地的景象，表现春天里自然万物勃发的生命力，表达对春天、对生活的热爱。

《春》在艺术表现上具有鲜明的特色。

一是诗情与画意的结合，和谐地创造情景交融的境界。作者对春天深沉赞美的感情，不是直抒胸臆地"直说"，而是通过含情的画笔，描绘春天的各种风景画来抒写的，赋予各种景物以鲜明的感情色彩。内在的诗情与外在的景物和谐地交融为具体可感的艺术形象，画面的境界也因之抹上了一层浓郁的抒情色调。文中有画，画中有情，每一幅画中都凝结着作者的情致和趣味，使作品既富于景物美，又富于人情美。

二是结构严密，层次井然中见跌宕变化。作品根据揭示主题和抒情的需要，一共描绘了五幅画面。画面之间连接自然、紧凑，并以前四幅画面作为第五幅画面的铺垫、烘托，从而开拓意境，揭示题旨。在揭题后，文章结尾奇峰突起。文章层次清楚，脉络分明，而又有变化。

　　三是语言朴实、隽永。朱自清善于提炼通俗易懂、生动形象的口语。他的散文语言具有清新朴实的特点。如写草，"园子里，田野里，瞧去，一大片一大片满是的"；如写花，"你不让我，我不让你，都开满了花赶趟儿"。这些短句浅语都是从口语中来的。从达意说，平易好懂；从修辞说，经过作者的艺术加工之后，节奏明快，不平淡，有浓厚的抒情味。作者还善于运用奇妙的比喻，增强语言的情味。如写春风拂面"像母亲的手抚摸着你"，把春天比作"刚落地的娃娃""小姑娘""健壮的青年"等，这些比喻新颖、贴切，不落俗套，富有表现力，蕴藉深厚，句外有意，朴实清新中意味隽永。

济南的冬天·温晴的冬日山水画

作者◎老舍

解读者◎邹睿

　　老舍在本文中一反他惯常的富有沧桑感的厚重写实笔风，以自然轻快的笔调，运用比喻、拟人等修辞手法，紧扣"温晴"二字，描绘了一幅温暖晴朗的济南冬景图画。而在细读文本的过程中，我们不难感悟到这温暖晴朗的背后，隐藏着老舍对济南这座老城的脉脉"温情"，以及他热爱大自然、热爱生活、热爱生命的人生态度。

济南的冬天 温晴的冬日山水画

北平的冬天常常是狂风肆虐。"像我"独立成句，醒目突出，强调"我"的感受。"便"字写出了作者对北平冬天刮大风的司空见惯，也把人带到了寒冬里的北平，让人仿佛看到了一个在北风呼啸的大街上、紧裹大衣行色匆匆的作者。"奇迹"指没有风声的济南给作者带来了极大的震撼和惊喜。

> 对于一个在北平住惯的人，像我，冬天要是不刮大风，便觉得是奇迹；

一个"声"字，表明济南并不是没有风，只是没有那种呼啸的北风罢了。"没有风声"表现出济南的冬天安静、温晴、静谧的特点。

> 济南的冬天是没有风声的。

"刚"字能否去掉呢？自然是可以的，但这样写就少了几分惊喜。恰恰就是作者"刚"由伦敦回来，刚刚经历了"暗无天日"的雾都冬天，在济南的冬天里看到了暖阳，才会足够惊喜，才会足够雀跃，才会有美妙的心情将这个美妙的冬天写下来。

> 对于一个刚由伦敦回来的人，像我，冬天要能看得见日光，便觉得是怪事；济南的冬天是响晴的。

自然，在热带的地方，日光是永远那么毒，响亮的天气反有点儿叫人害怕。

"响亮"把视觉化为听觉，形象生动地写出了济南冬天晴好的特点。热带地区总是被毒辣的太阳照射，也是令人生畏的，和伦敦阴云密布的冬天形成鲜明的对比，但这是另一种极端的天气，过犹不及。

可是，在北中国的冬天，而能有温晴的天气，济南真得算个宝地。

"而""真"，把作者对济南温晴且没有风声的冬天的那种喜爱与感叹凸显出来。由伦敦到热带，一个整日不见太阳，一个太阳烤得人受不了，如此强烈的对比之下，人自然想要避开这两个地方，找一个有太阳但不过分热烈，有温度但不过分张狂的冬天。恰好，这个冬天，便是作者想要讲述的济南的冬天，或者更准确地说是济南冬天温晴的暖阳。

设若单单是有阳光，那也算不了出奇。

单单有阳光还称不上出奇，重要的是济南还有守卫着它的小山，有清澈的温泉，有空灵的天空。

请闭上眼想：一个老城，有山有水，全在蓝天下很暖和

"请闭上眼想"像是一声鸣笛，带着读者们坐上了通往济南冬天的游览列车。山、水、老城，简单的三个元素，简单的描述，将一幅水墨画卷在读者面前摊开。"睡着"

和"唤醒"写出老城在冬天时的安适，以及它对于春天的期盼。有山有水、温暖响晴又充满希望的地方怎么不"理想"呢？

安适地睡着，只等春风来把它们唤醒，这是不是个理想的境界？

作者称千佛山为"小山"，一方面因为千佛山不高，另一方面也表达出作者一种由衷的喜爱之情。

小山整把济南围了个圈儿，只有北边缺着点儿口儿。

这句话生动形象地写出小山的安稳和慈善，以及在小山庇佑下济南的温暖、舒适。这些小山在作者笔下颇有灵性，小山仿佛是一个母亲，保护着整座济南城，生怕一不小心把"孩子"惊扰了，所以安静不动地说话。作者对这座老城不仅仅是惊喜于它温晴的天气，更是带着怜爱之心来看待它。

这一圈小山在冬天特别可爱，好像是把济南放在一个小摇篮里，它们全安静不动地低声地说："你们放心吧，这儿准保暖和。"

"真的"是作者实地考察的经验之谈。这个词语将小山和济南的关系，自然转变成小山和济南人的关系。人们在冬天生活得温暖、舒适，便自然想到是不是春天将要来临。人们心中萌发了希望，便不觉地面上含笑了。

真的，济南的人们在冬天是面上含笑的。他们一看那些小山，心中便觉得有了着落，有了依靠。他们由天上看到山上，便不觉地想起："明天也许就是春天了吧？这样的温暖，今天夜里山草也许就绿起来了吧？"

就是这点儿幻想不能一时实现，他们也并不着急，因为有这样慈善的冬天，干啥还希望别的呢！

正因为度冬如春，所以才会产生幻想；正因为冬天这样"慈善"，所以"幻想不能一时实现"，人们也"并不着急"。这句描述中洋溢着人们对济南温晴冬天的喜爱和感激之情。"干啥"是北方方言，既朴素亲切，又生动灵活。

最妙的是下点儿小雪呀。

"妙"和"小雪"是分不开的，下小雪时气温变化不大，风也像静止一般，小雪纷纷飘落，既不影响大家的出行，又可以使人安然赏景。

看吧，山上的矮松越发的青黑，树尖上顶着一髻儿白花，好像日本看护妇。

"看吧"好似作者对读者所说，自己观景是不够的，还要和读者们一起分享此刻的欣喜。在白雪的衬托下青葱的矮松颜色好像愈发地浓郁，呈现出青黑的颜色，黑白相应，煞是好看。"一髻儿白花"，形象生动地写出了树尖上有雪的矮松的秀美身姿，表现了雪后矮松清新可爱的形态，不仅使矮松有了活力，而且让人感到新奇别致。

"镶"字形象地表现了白色的山尖与蓝天相接，就像是一道银边围在蓝天边缘的美丽景观。

山尖全白了，给蓝天镶上一道银边。

这段写山坡上雪色和草色相间的美景和由此产生的联想。有的地方雪厚点儿，有的地方草色还露着，白的是雪色，暗黄的是草色。"这样"两个字仿佛作者就在读者的面前讲述，边讲边比画着山坡上白色与暗黄色交织应该是怎样一幅景象。一个"穿"字，既准确表现了雪、草覆盖的状态，又引出了一件带水纹的花衣的比喻。

山坡上有的地方雪厚点儿，有的地方草色还露着；这样，一道儿白，一道儿暗黄，给山们穿上一件带水纹的花衣；

"这件花衣"是指春天来临后那满山的花草。与第三段的"明天也许就是春天了吧"相照应，表现了人们对春天的憧憬。

看着看着，这件花衣好像被风儿吹动，叫你希望看见一点儿更美的山的肌肤。

"羞"，不仅画出了日落时分雪景的色——一点儿粉色，而且绘出了雪景中的情和内在美。此时的薄雪，因为笼罩在落日的金光中映出了美丽的色彩。作者赋予它"害羞"的特点，生动形象，是浪漫、引人遐想的"犹抱琵琶半遮面"那样的含蓄。

等到快日落的时候，微黄的阳光斜射在山腰上，那点儿薄雪好像忽然害了羞，微微露出点儿粉色。

就是下小雪吧，济南是受不住大雪的，那些小山太秀气！

此句用了句式错综的技巧，语言灵动，使情感得以自然流露。"秀气"体现了这些山灵秀、雅致；"太"呼应了"小"字，表达了作者对这些小山的喜爱和怜惜之情，不忍小山承受大雪的覆盖。用与老天爷商量的语气，说怕小山被大雪压垮，实际上是赞美薄雪覆盖下小山的秀丽。

古老的济南，城里那么狭窄，城外又那么宽敞，山坡上卧着些小村庄，小村庄的房顶上卧着点儿雪，对，这是张小水墨画，也许是唐代的名手画的吧。

"卧"生动地点明雪下得不大，同时与上文"暖和安适地睡着"相照应，描绘出了小村庄和小雪安静祥和舒适的神态。"对"字就仿佛作者在与读者对话。读者品味着前文描绘的景色感叹：好像一幅水墨山水画啊！

那水呢，不但不结冰，反倒在绿萍上冒着点儿热气，水藻真绿，把终年贮蓄的绿色全拿出来了。

"冒着点儿热气"写出了济南的冬天水的特点：不结冰、温暖。因为水在冬天有温度，所以生活在水中的水藻仿佛是尽最大的力将这一年积攒的绿全部释放出来。

由水的绿联想到绿的精神，联想到春意盎然的生机。"不忍"把水写得脉脉含情，水的心理和神态得以完美展现。水给他物以美的享受，同时，他物又来衬托水的清澈，使人感受到济南冬天的和谐之美。水不忍得冻上，原来它是为了呵护那一片绿。这样水就有了性格，这性格又与前文中的慈善的冬天相照应。

天儿越晴，水藻越绿，就凭这些绿的精神，水也不忍得冻上；况且那长枝的垂柳还要在水里照个影儿呢。

此句扣住济南的冬天的晴：因为晴，天空无云，才空灵；因为晴，天空蓝汪汪的，才像块蓝水晶。这个比喻把天光水色融为一体。

看吧，由澄清的河水慢慢往上看吧，空中，半空中，天上，自上而下全是那么清亮，那么蓝汪汪的，整个的是块空灵的蓝水晶。

把树影比作"地毯上的小团花"，由眼前的"小灰色树影"联想到"地毯上的小团花"，形式新颖，比喻贴切。

这块水晶里，包着红屋顶、黄草山，像地毯上的小团花的小灰色树影。

结尾为"冬天的济南"，把中心词换成了"济南"，突出了济南的冬天特有的韵致，使读者经历了从切肤之冷到响晴之暖的转化。

这就是冬天的济南。

本文描绘出济南特有的冬景。作者按照中国山水画里"以大观小"的构图取景原则，先后描绘了济南的全景、山色与水景，展现出一幅幅温暖晴朗的济南冬天山水画。

济南虽然地处中国北方，但是冬天无大风而多日照，冬天它最显著的气候特点是"温晴响晴"。文章紧紧抓住这一点，使笔下的种种景物跟这"温晴"气候紧密联系在一起，构成一幅温暖晴朗的济南冬天图景。文章写山，写水，写城，写人，无不涂上一层温暖晴朗的色彩，就是写雪景，也仍然跟温暖有联系。全文就是由"小山摇篮图""雪后初晴图""空灵水晶图"这三幅互相联系而又相对独立的图画组成的长轴。而这幅长轴，也就靠这"温晴"的基调统一起来，给人以和谐一致的美感。

作者多用温情的意象来描绘济南冬天温晴之景，营造出一种温婉的整体性语感。语言层面写的是济南的"温晴"，所要表达的是济南冬天的温情："温晴"是所见的外像，是借以表现心像的客体和媒介；"温情"是心灵感受，它蕴含的是作者对生命和人生的感悟及审美感受。文章不惜笔墨写景，实际是抒发对济南冬天的喜爱、赞美之情，这才是文章的意蕴、文章的核心。

整篇文章读下来不像是在看写在纸上、印在书里的刻板文字，而是像当面聆听作者的精彩讲述。作为读者，我们更像是没有去过济南的老舍先生的朋友，用窗户隔绝了北平呼啸的寒风，一起围坐在火炉旁，在听老舍先生兴高采烈甚至有些手舞足蹈地讲述他在山东时所经历的截然不同的、他所喜爱的、美妙的济南的冬天，不禁让人心生向往之情。

雨的四季·如诗如画的韵味

作者◎刘湛秋

解读者◎魏玮

刘湛秋作为当代诗人，他的散文自然也留下了诗意的痕迹。在作者浪漫、灵动的文字里，我们能感受到不同季节中雨的生命力，也能由衷地体会到作者对雨真切的爱恋。当然，我们不能止步于欣赏雨景的魅力，同时还要积累丰富的写景词汇，如夏雨的粗犷、秋雨的高邈等；更要透过文字品析作者不落俗套的视角和灵活多样的手法，如描写冬雨化为雪花，作者特意想象成是上天赐予的礼物。这些写景技巧如果能化为己用，那便是更大的收获了。

雨汐四季　如诗如画的韵味

作者赋予雨以灵性，他笔下的雨是有情感、有思想、有生命的。他强调对雨的喜爱跨越了时间的界线，"喜爱"一词统领了全文的感情基调。读到这里，读者不由得好奇：雨到底给作者留下了怎样的形象与记忆？为何作者会对我们司空见惯的雨有如此强烈的情感？

作者先用"闪"，后用"洗淋"，表现出春雨对万物轻柔的呼唤。春雨好似一位神明，她只需随意挥洒，用神奇的灵力润泽一花一叶，世间万物便会褪去往日的衰颓，展现蓬勃的活力。正是这充满活力的春雨的"洗淋"才真正拉开了春天的崭新序幕。

春季之雨如诉说吴侬软语的邻家姑娘，触动了万物心中的柔软，让大地欣欣然张开了眼。在一场春

我喜欢雨，无论什么季节的雨，我都喜欢。她给我的形象和记忆，永远是美的。

春天，树叶开始闪出黄青，花苞轻轻地在风中摆动，似乎还带着一种冬天的昏黄。可是只要经过一场春雨的洗淋，那种颜色和神态是难以想象的。

每一棵树仿佛都睁开特别明亮的眼睛，

树枝的手臂也顿时柔软了，而那萌发的叶子，简直就像起伏着一层绿茵茵的波浪。水珠子从花苞里滴下来，比少女的眼泪还娇媚。半空中似乎总挂着透明的水雾的丝帘，牵动着阳光的彩棱镜。这时，整个大地是美丽的。小草似乎像复苏的蚯蚓一样翻动，发出一种春天才能听到的沙沙声。呼吸变得畅快，空气里像有无数芳甜的果子，在诱惑着鼻子和嘴唇。真的，只有这一场雨，才完全驱走了冬天，才使世界改变了姿容。

雨温柔又饱含爱意的滋养下，大地上的每一条树枝、每一片树叶、每一棵小草都从沉睡中被唤醒，在点滴的春雨中流动着生命的光辉，这光辉闪烁在树干明亮的眼睛上、树枝柔软的手臂中、摇曳起伏的绿叶间、花朵上欲说还休的水珠中、从地里刚钻出来沙沙作响的小草里、气味沁人心脾的果子里……此刻大地上无处不散发着生机。被春雨唤醒的不仅是大地上的草木，就连那与春雨碰面的每处空气都微微润湿，闪耀出好看的光影。这空气轻轻地、悄悄地挪移，和人的鼻息相互缠绕，让人觉得若是吸入了这般清新的空气，也会受了春雨的点化，变得更加活力充沛。这些春雨流经的印记有明艳的色彩，有灵动的形状，有独特的声音，有神秘的气味，文章字里行间提起"春"或"雨"二字的次数寥寥无几，却让人觉得早已如沐春风、如闻春音、如见春景。作者描绘的春之万物，看似是一个个独立生命的自我觉醒，其实我们知道这一切离不开春雨精心的呵护。

夏季之雨像浑身充满力量的青年，任性潇洒的她让一切尽享青春的酣畅。夏雨和春雨不同，却也同样使读者不禁暗自好奇：夏雨究竟有何种风情呢？万物在夏雨中又是怎样的呢？

而夏天，就更是别有一番风情了。夏天的雨也有夏天的性格，热烈而又粗犷。

夏雨到来前往往毫无征兆，落下的雨滴也不似春雨温柔，但这也恰恰印证了夏雨热烈而又粗犷的性格。也正是这样的她，最懂得处于炎炎烈日下的人们需要什么。当人们身体上的每一处毛孔都热得大口呼吸时，夏雨便落下来了。人们似乎也受了她性格的感染变得热情直接，不再纠结于可能被雨打湿头发、被接连不断的雨珠冲刷面庞、被水滴摩挲的耳朵有些酥痒，而是愿意除去一切遮挡，彻头彻尾地与夏雨撞个满怀，来一场最痛快的邂逅。一场夏雨便能让人心胸开阔豁达，天地间还有什么是不能为之一宽的呢？读到这里，拥有过相似体验的读者心中定会了然，那么作者对夏雨的感谢与爱又何须多言呢？

天上聚集几朵乌云，有时连一点儿雷的预告也没有，你还来不及思索，豆粒大的雨点就打来了。可这时雨并不可怕，因为你浑身的毛孔都热得张开了嘴，巴望着那清凉的甘露。打伞、戴斗笠固然能保持身上的干爽，可光头浇、洗个雨澡更有滋味，只是淋湿的头发、额头、睫毛滴着水，挡着眼睛的视线，耳朵也有些痒嗦嗦的。这时，你会更喜欢一切。

如果说，春雨给大地披上美丽的衣裳，而经过几场夏天的透雨的浇灌，大地就以自己的丰满而展示它全部的诱惑了。一切都毫不掩饰地敞开了。花朵怒放着，树叶鼓着浆汁，数不清的杂草争先恐后地成长，暑气被一片绿的海绵吸收着。而荷叶铺满了河面，迫切地等待着雨点，和远方的蝉声、近处的蛙鼓一起奏起夏天的雨的交响曲。

夏雨这般豪爽奔放的热情不仅感染着人们，也影响着大地上的一切。如果说被春雨滋润的大地透着几分内敛与羞涩，那么经过夏雨洗礼的大地便显出几分大气与自信，一切生灵都在用尽全身的气力，证明生命的价值在于不断地汲取养分，奋力生长。作者极其注重炼字，用"怒"体现夏雨后花朵的活力，用"鼓"强调夏雨后树叶的翠绿，借海绵的吸收凸显夏雨对暑气的强大驱散力。作者描述夏雨时广泛取景，动与静相得益彰。这静中蕴藏的动，不仅是滴落的雨珠声、合奏和谐的雨的交响乐，更是生命的韵律。身处这赏心悦目的画面之中，人们身心愉悦，感受雨的凉意，感受万物的生机，会情不自禁地想要感谢背后无私馈赠的夏雨。

当田野染上一层金黄，各种各样的果实摇着铃铛的时候，雨，似乎也像出嫁生了孩子的

在作者丰富的精神世界中，万物时刻都具有灵性与神韵。秋季之雨似禅定的智者，引导芸芸众生思想的成熟。秋天，不管是丰收田野中被渲染上的色彩，还是成熟果实上奏响的庆贺乐章，甚至是作者着

重描写的雨都深邃沉稳，高邈深远，变得神秘莫测。但仔细想想，呈现在眼前一切有关秋天的表征，除去太阳的付出，难道能离开雨的无私奉献吗？

妇人，显得端庄而又沉静了。这时候，雨不大出门。田野上几乎总是金黄的太阳。也许，人们都忘记了雨。

秋天是满载收获的季节，这时候的秋雨也仿佛经历了蜕变，开始从洒脱走向成熟。面对漫山遍野即将到来的金灿灿的收获，她懂事地掩藏自己，让大地上的一切尽情享受丰收前的欣喜。

成熟的庄稼等待收割，金灿灿的种子需要晒干，甚至红透了的山果也希望最后的晒甜。

作者对秋雨的出场进行了精准的捕捉，他抓住秋雨在不经意间击打窗棂的声响，写其静谧，引发读者的共鸣。夜是我们在忙碌一天后心灵放松的时刻，本就容易引人沉思。试想在万籁俱寂的秋夜，只有秋雨的声响，像是一位和自己惺惺相惜的友人慢声安抚，聊以慰藉你疲惫的心灵，让你在这深沉的夜里有所相伴，有所寄托。这也就是为什么作者要说这时的秋雨会引起悠远的情思了。

忽然，在一个夜晚，窗玻璃上发出了响声，那是雨，是使人静谧、使人怀想、使人动情的秋雨啊！天空是暗的，但雨却闪着光；田野是静的，但雨在倾诉着。顿时，你会产生一脉悠远的情思。

也许，在人们劳累了一个春夏，收获已经在大门口的时候，多么需要安静和沉思啊！雨变得更轻，也更深情了，水声在屋檐下，水花在窗玻璃上，会陪伴着你的夜梦。

如果你怀着那种快乐感的话，那白天的秋雨也不会使人厌烦。你只会感到更高邈、深远，并让凄冷的雨滴，去纯净你的灵魂，而且一定会遥望到一场秋雨后将出现的一个更净美、开阔的大地。

也许，到冬天来临，人们会讨厌雨吧！但这时候，雨已

　　万事万物终将经历岁月更迭，经历了一个春夏辛勤劳作的人们总免不了要抒发一番感怀。这时秋雨便适时地来了，此刻的她少了几分急切，多了几分坦荡。秋雨这份洗去纤尘的历练，也使人忍不住安静地坐着整理春夏累积的思绪，耳边听着秋雨的淅淅沥沥，脑海里浮现起这半年的失与得。想着想着觉得足够充实了，夜也渐渐深了，这时候再伴着这不大不小又让人心安的秋雨慢慢睡去，别提有多安逸了。

　　民间谚语说："一场秋雨一场凉"。的确，秋雨落下总不免伴随着天气微凉。但如若你内心怀揣着对秋雨、对生活、对生命的眷恋与爱意，你一定会和作者一样，并不会只有"逢秋悲寂寥"的哀叹，而是更加感恩秋雨圣洁的洗刷让一切落叶归根，让所有浮华的表象归于质朴和纯粹。

　　冬季本就让人觉得冰冷刺骨，若此时再落下侵入骨髓的雨，便更令人生厌。识趣的冬雨似乎也读懂了人们的心意，她特意盛装打扮，

化作如仙子般美丽轻盈的雪花，缓缓降落人间。冬季的雨有阅尽世事的积淀，让万物回归纯净与平和。

经化了妆，它经常变成美丽的雪花，飘然莅临人间。

单看前一句，我们会诧异作者为何开始对南国偶尔落下的冬雨有所批判，难道面对这时的雨，他就不爱了吗？读到第二句，我们才明白他自始至终都是喜爱雨的。无论落下的雨量如何、落下的声响如何、落下的形态如何，都体现着雨的不同性情，都无法阻隔作者对雨的这份深情。

但在南国，雨仍然偶尔造访大地，但它变得更吝啬了。它既不倾盆瓢泼，又不绵绵如丝，或淅淅沥沥，它显出一种自然、平静。

"孟冬寒气至，北风何惨慄"，这时天地间的色彩没有了前几个季节的鲜活，寒风呼啸着，就连空气中也充满干涩而苦的气息，这时冬雨出现了。她虽带有些许凉意，但来势既不绵密也不猛烈，渐渐激发出了草木原有的气息，让人内心平和安详，比那刺骨苦涩的寒风可要好上太多了。再加上往日里人们与雨邂逅的种种情谊，此时的冬雨着实让人无法对她生起厌来，人们甚至还对冬雨有种莫名的亲切感，对她的出现增添几分喜爱。

在冬日灰蒙蒙的天空中，雨变得透明，甚至有些干巴，几乎没有春、夏、秋那样富有色彩。但是，人们受够了冷冽的风的刺激，讨厌那干涩而苦的气息，当雨在头顶上飘落的时候，似乎又降临了一种特殊的温暖，仿佛从那湿润中又漾出花和树叶的气息。那种清冷是柔和的，没有北风那样咄咄逼人。

远远地望过去，收割过的田野变得很亮，没有叶的枝干、淋着雨的草垛，对着瓷色的天空，像一幅干净利落的木刻。

这句话把冬雨冲洗过后焕然一新的天地比作一幅干净利落的木刻，生动形象地写出了冬雨过后天地一切都回归于本真的干净与清爽。对绘画有了解的人可能会知道，与我们熟知的水墨画不同，在木板上反向雕刻出的木刻没有颜料晕染的模糊与深浅不一，展现出的是一种明朗与简约。因此，此刻经历冬雨的天地最自然、最真实，也最动人，会让人忍不住惊叹冬雨的鬼斧神工。

而近处池畔里的油菜，经这冬雨一洗，甚至忘记了严冬。忽然到了晚间，水银柱降下来，黎明提前敲着窗户，你睁眼一看，屋顶、树枝、街道，都已经盖上柔软的雪被，地上的光亮比天上还亮。这雨的精灵，雨的公主，给南国城市和田野

这里描写冬雨降落时，作者依然采用了与上文观察其他雨季时同样的场景——突发时刻的降临。这种降落的情境既与前文形成照应，又极其贴合我们的日常生活。正是带着几分欣喜与期待，我们才会对冬雨的来临有别样的情感。冬季气温骤降，柔和的冬雨里夹杂着柔软的雪花，大地披上了暖和的棉被。放眼望去，地上的纯白自然惹得人的心灵为之震撼，人们都明白这份礼物对枯萎、萧条的冬季世界是何等厚重的馈赠，而这一切美的体验都来自冬雨，因此这份特别的惊喜让人对冬雨怎一个"爱"字了得呢？

带来异常的蜜情, 是它送给人们一年中最后的一份礼物。

啊, 雨, 我爱恋的雨啊, 你一年四季常在我的眼前流动, 你给我的生命带来活跃, 你给我的感情带来滋润, 你给我的思想带来流动。只有在雨中, 我才真正感到这世界是活的, 是有欢乐和泪水的。但在北方干燥的城市, 我们的相逢是多么稀少! 只希望日益增多的绿色, 能把你请回我们的生活之中。

啊, 总是美丽而使人爱恋的雨啊!

作者在细致地描写对不同季节的雨的喜爱之后, 再次升华了本文一直潜在的主旨, 那就是雨不仅在生活中常常跨越时间与我们相逢, 实际上更是在精神层面启迪着我们的思想。雨时刻在用她的一言一行告诉着我们: 世界的万物都有其奇妙与灵动之处, 生命的底色应该处处蕴含精彩与美好。当然, 作者在文末也借落雨的地域, 抒发心中更强烈的愿景: 希望雨这位挚友能够跨越空间的阻隔, 不受任何条件的制约, 时刻陪伴在自己的左右。这份浓厚的情感, 不仅仅是作者心中对雨唱响千百次的赞歌, 更是一种与读者的真心沟通, 他想唤起每个人对雨的热爱, 唤起大家对大自然的敬畏和尊重, 唤起大家对自然赠予的点滴美好的珍视之情。

"啊"和"总是", 让我们不难体会到作者抒发出的对雨溢于言表的喜爱与赞美。而这份痴迷与沉醉也恰好与首段遥相呼应, 使文章的结构更加饱满清晰, 作者抒发的情感也更加圆润深刻。

《雨的四季》歌颂了寻常的自然现象——雨，诵出了诗歌一般时而细腻时而激越的韵味。作者从形、声、气等方面写出了雨的趣味和性格，将雨写得可感可触、可亲可爱，字里行间作者都在感谢雨给自然带来的美妙，给人类提供的滋养，对人类心灵的洗涤。作者以灵活多样的艺术手法描绘出如诗如画的四季雨景，从而真实地反映出作者热爱生命、向往纯真的美好心灵。

擅长诗歌创作的刘湛秋特别注重措辞的精简。如描写雨落下的场景，寥寥数笔就勾画出不同季节雨的特点，春雨的生机萌发，夏雨的热烈粗犷，秋雨的高邈深远，冬雨的自然宁静，在作者匠心独运下活灵活现。

刘熙载曾说："春之精神写不出，以草木写之；山之精神写不出，以烟霞写之。"《雨的四季》中多采用此类虚实相生的手法，通过象征、暗示、侧面描写等手法，间接勾画雨的多面形象，在有限的语言文字内实现了无限美的延伸。在细节刻画中作者偏爱写万物和雨的相遇的生命历程，通过"万物"和"雨"的交织，阐释"雨"和"生命"的联系，进而表达对雨和生命的无限挚爱。作者带领读者结合自身的生活体验，领略不同时空之下雨滋养万物苍生的场景，进而体会生命的乐章在千百次轮回中更替演奏。

读完全文后，读者肯定还会提出这样的疑惑：既然本文写作对象如此之鲜明，为何标题不写作"四季的雨"？其实雨只是落在不同的地域和不同维度的时间轴上，哪里分得清东南西北？雨水它又哪里会懂得四季的更迭？究其本源，这一切的品味无非是赏雨之人的心中万千，是观雨之人对大地山川的热爱。王国维曾说："以我观物，故物皆着我之色彩。"时间、季节、地域只对人才有意义，作者并非只写客观的天气现象，也并不满足于直白地叙述每一季节雨的外形，而是将"雨"彻底地生命化，把形象直观的雨写得细致入微，从鲜活的、有生命主体意识的角度去想"雨"之想、思"雨"之所思。雨水在天地间轮回，正如人的生命轨迹从莽撞年少走向成熟睿智，从往日里的冲动走向如今的平静，从曾经的无知到渐渐有为。记录雨经历的年岁也等同于完成对于生命的体悟，作者让读者透过雨的四季看到了生命中那些惊心动魄的美丽，看到了多面生活中折射出的斑斓色彩。

　　作家刘湛秋被誉为"抒情诗之王"，其作品清新空灵，手法新颖洒脱，既面对生活，又超越时空。在《雨的四季》中他细腻动人的笔触，行云流水的文字，都将刻板的雨赋予了灵性。有人曾这样描述："他的散文诗总是微笑着对待生活，哪怕经历了坎坷，体验了痛苦之后，仍然没有丧失美好的信念，仍然在诗中渗透着春天的绿意，洋溢着温暖的情思。"正是刘湛秋优美语言、独特视角背后始终深藏着一份乐观积极的心态，才能将一草一木、一色一声、一事一物都捕捉体察出来，才能让他在和读者谈心时牵动出我们最熟悉的场景，流露出心中最由衷的深情。在他的笔下，四季不是四季，是漫长的人生；雨不是雨，是有灵的苍生。

紫藤萝瀑布·生命的长河无止境

作者◎宗璞

解读者◎蒋白鹭

　　花是平凡的，但在宗璞笔下却成了生命力的顽强象征。对于《紫藤萝瀑布》一文的解读，我们可以从作者多元化表现方式的运用上体会文章的行文逻辑：由"花样"上升到"人生"，彼此照应，相互突出，让读者动容，为生命的顽强喝彩。在细读《紫藤萝瀑布》一文时，不妨从如诗般优美、有诗般韵味的语言中，感受精神的宁静和生的喜悦，即使没有亲眼见到紫藤萝绽放的情景，但是在文字的描述下，我们已然可以感受到作者当时的心境，明白和体会到蕴藏在景物描写下的细腻情感。

紫藤萝瀑布　生命的长河无止境

独句成段，并没有直接写紫藤萝，而是简要叙述了散步的场景。在散步这个动态的场景中突然就停下了脚步，发端突兀，令人愕然。"不由得"看出作者是无意识做了这个动作。开篇设置悬念：作者为什么停住了脚步？

> 我不由得停住了脚步。

这是作者初见紫藤萝的整体感受。"盛"字以静传动，以动带静，展现了紫藤萝的茂盛和勃勃生机。在"盛"的气势下，作者才"不由得停住了脚步"。通过"盛"字，我们可以感受到紫藤萝的气势盛大开阔，也反映出作者被眼前紫藤萝的盛景征服以后内心的赞叹。"从未"和"这样"更是强调了紫藤萝带给她的震撼之感。"辉煌"一词充分写出花的浓和密，写出一种勃勃的生命力。将紫藤萝比作瀑布，"从空中垂下"给人一种整体的流动感。"不见其发端，也不见其终极"，夸张笔法状写其神，这就和瀑布之间建立了最本质的形似联系。

> 从未见过开得这样盛的藤萝，只见一片辉煌的淡紫色，像一条瀑布，从空中垂下，不见其发端，也不见其终极。

名篇悦读·激活语文学习力 自然篇

只是深深浅浅的紫，仿佛在流动，在欢笑，在不停地生长。

"深深浅浅"看出紫藤萝花的颜色并不单一，颜色深浅互衬，因此在视觉上产生如同水流般的流动之感。"欢笑""生长"等动词，化静为闹，使静态的花色跃动起来，表现出花的生趣盎然。用"生长"一词描写瀑布，给人一种瀑布不仅在流动，还一直绵远流长的感觉。

紫色的大条幅上，泛着点点银光，就像进溅的水花。仔细看时，才知道那是每一朵紫花中的最浅淡的部分，在和阳光互相挑逗。

紫藤萝的花色是不一样的，这是由于花色的浓淡差异，"泛着点点银光"的紫藤萝花在阳光下展现出闪闪烁烁的美好景致。"银光"是花色最浅淡的部分，由深而浅，加之阳光的"参与"，使得静止的紫藤萝呈现出一种流动状态。阳光照耀、波光粼粼之感与"瀑布"水花四溅的姿态相契合，形神兼备，浑然一体，也写出了花的灵动感。"挑逗"本有贬义，这里进行拟人化的处理，却显得紫藤萝可爱、玲珑别透，既富动感又充满情趣。

这里春红已谢，没有赏花的人群，也没有蜂围蝶阵。有的就是这一树闪光的、盛开的藤萝。花朵儿一串挨着一

本段开篇"春红已谢"，景物凄凉，人也稀少，一片暗淡的景象。《紫藤萝瀑布》写于 1982 年 5 月，此时宗璞的小弟患了重病。"春红已谢"，也隐含着小弟生命面临凋落的悲伤。但是，"没有"和"有"却进行了一番对比，在这样的环境中，紫藤萝却

光芒四射，鲜花盛放，情感一下子由悲凉到欢喜。没有赏花的人群，也没有蜂围蝶阵，紫藤萝花是在寂寞和孤独的外在环境中自我开放，有的就是这一束淡雅、清幽的花。"一串挨着一串，一朵接着一朵"以动态写花的静态，生动地写出花开的繁盛。"一串一串""一朵一朵""推着挤着"表现出作者看见紫藤萝瀑布里一朵朵新生的小花，感受到了生命力的喜悦。

串，一朵接着一朵，彼此推着挤着，好不活泼热闹！

"我在开花"反复出现，写出花像人一般自豪欢笑，展现出一派闹腾腾的场面，突出花的勃勃生机。"笑""嚷嚷"写出紫藤花孩童般活泼可爱的情趣，突出紫藤萝瀑布生命力的盎然勃发。这两句将花赋予人的行动和感情，在平淡中见神奇，把紫藤花朵竞相开放的情态描写得活灵活现。我们也可以想想：这是否也在暗示人的欢笑呢？

"我在开花！"它们在笑。
"我在开花！"它们嚷嚷。

"每一穗花"写出了作者观察之仔细，表达出了其对紫藤萝的喜爱之情。花瓣盛开，成舒展之状，变大变薄，色度减弱；而待放的花瓣敛缩成一苞，小而厚，色就深了。这一自然现象作者用"沉淀"二字形容，显得颜色有了"重量"，能"运动"一般，动态感十足。

每一穗花都是上面的盛开、下面的待放。颜色便上浅下深，好像那紫色沉淀下来了，沉淀在最嫩最小的花苞里。

名篇悦读·激活语文学习力 自然篇

每一朵盛开的花就像是一个小小的张满了的帆，帆下带着尖底的舱，船舱鼓鼓的，又像一个忍俊不禁的笑容，就要绽开似的。那里装的是什么仙露琼浆？

作者描写紫藤萝时，由花瀑写到花穗，由"一穗花"到"一朵花"，由整体到局部，条理清晰，层次感强，将紫藤萝描绘得非常形象、优美。将紫藤萝花喻为"帆"和"舱"，形象地描绘了花的外形，富有动感；又将"花"喻为"笑容"，用"忍俊不禁"拟写花朵的情态，生动形象地表现了花儿的美丽可爱。作者将紫藤萝比作帆船，使人联想到乘风破浪，扬帆起航，"鼓鼓""张满"更有千帆竞发之势，暗示了拼搏进取的愿望。眼前流动的瀑布、逆溅的水花以及船帆构成了一个统一的意象群，流淌着一种蓬勃的意境，是否也暗示着她心中对于小弟的病情充满着期许呢？

我凑上去，想摘一朵。

这样动人的紫藤萝花，让作者不禁有种上前接近的冲动，"凑""摘"都看出"我"对于紫藤萝花的喜爱之情，"想摘一朵"是因为"我"情不自禁。

但是我没有摘。我没有摘花的习惯。

连接上文来看，之所以"没有摘"，可能一方面确实是因为作者没有摘花的习惯，还有可能是因为作者不忍心摘下这美丽的、充满生命力的花，想将这份美保留下来。引出下文作者的感悟。

"我""伫立"是在"凝望","凝望"里含有作者对紫藤萝的喜欢和怜爱，有触动心灵的感觉。眼前盛开的紫藤萝是否暂时抚慰了作者痛苦的心灵呢？她是否希望小弟也像紫藤萝一般充满生命力呢？作者对于小弟病情的转机是否也含有一种期待呢？由"眼前"到"心上"，这样壮观、有生命力的紫藤萝入了"我"的心，这是作者在繁花间发现了人生的影子。此时，花开繁盛的光辉笼罩着"我"，"我"融入花的世界，进入物我两相忘的境界，它让"我"暂时忘却了一直以来压在心头的焦虑和困扰。"流着"反复出现，强调紫藤萝瀑布带走了作者心中的焦虑和悲痛，她的内心因此获得了暂时的安宁。作者通过观赏紫藤萝瀑布，感悟到了生命的规律，这就是紫藤萝瀑布形象的深层意蕴之一。

我只是伫立凝望，觉得这一条紫藤萝瀑布不只在我眼前，也在我心上缓缓流过。流着流着，它带走了这些时一直压在我心上的关于生死的疑惑，关于疾病的痛楚。我浸在这繁密的花朵的光辉中，别的一切暂时都不存在，有的只是精神的宁静和生的喜悦。

视觉的"光彩"带来的冲击似乎渐渐褪去，作者开始感受到无形的淡淡的"香"。这香气是一直弥漫在周围的，只是视觉冲击更直观、更容易注意到，也难怪作者一开始没有注意到"香"，大概仍是因为那时心情芜杂、不平静。只有在内心宁静以后，她才注意到芳香的笼罩。作

这里除了光彩，还有淡淡的芳香，香气似乎也是浅紫色的，梦幻一般轻轻地笼罩着我。

者将无形的"香气"化作可见的"浅紫色"，把嗅觉之感用视觉形象地表现出来，巧妙地写出了花香给作者带来的缥缈轻柔的感受，也照应了上段作者感受到的精神的宁静和生的喜悦。由此很自然地引起下文对昔日紫藤萝遭遇冷落的记忆。

忽然记起十多年前家门外也曾有过一大株紫藤萝，它依傍一株枯槐爬得很高，但花朵从来都稀落，东一穗西一串伶仃地挂在树梢，好像在察言观色，试探什么。

淡淡的芳香让作者想到了过去，在结构和情感上都具有一定的过渡感，由此笔锋一转，回到了十多年前。十多年前花的稀零，与眼前繁茂如瀑布的紫藤萝形成鲜明的对比。"依傍""稀落""伶仃"等词语写那时的紫藤萝是多么衰败虚弱，而"好像在察言观色，试探什么"的描写暗示了环境的压抑，花尚如此，人又该是怎样的小心翼翼、压抑地活着啊！

后来索性连那稀零的花串也没有了。园中别的紫藤花架也都拆掉，改种了果树。那时的说法是，花和生活腐化有什么必然关系。我曾遗憾地想：这里再也看不见藤萝花了。

回忆起十多年前的紫藤萝遭受荼毒，以至于连根拔起，可见，在当时的情形下"我"内心多么压抑甚至绝望。然而，多年后再见，紫藤萝劫后重生，甚至开得那样繁盛，"我"内心怎能不受到震动！

枝干的粗壮、坚韧、沉默与花儿的纤弱、娇嫩、热闹形成了对照。被遮住的是枝干，看得见的是鲜花，紫藤萝之所以能开出花的"瀑布"、花的"河流"，是因为数不清的、密密麻麻的枝叶一直在努力地向上生长。当然，还有那完全看不见的根不断地钻进深深的土里……正是因为这些沉默的付出，最终才呈现出这样一道充满生命活力的独特风景。本段是作者在回忆起十多年前的紫藤萝之后，再回到眼前，从赏花过渡到抒发由花产生的情感，慢慢流露出感悟，最后，"流着，流着，流向人的心底"展现了其过程，瀑布旺盛生命力的感染已经抵达心灵。

过了这么多年，藤萝又开花了，而且开得这样盛，这样密，紫色的瀑布遮住了粗壮的盘虬卧龙般的枝干，不断地流着，流着，流向人的心底。

作者从自然之花由衰到盛的转变联想到自身生命的境况，人和花都会遇到各种不幸，而不幸终究是有限的、暂时的，生命的繁衍发展是无限的、永恒的。作者再次联想到小弟的病情，这成了她很难面对却又不得不面对的难题。她感悟到对往事需要看开、放下、释然、接受。紫藤萝的坚韧性，让它能够绚丽地活着，那么，人在面对挫折的时候，也能战胜困难、丰富多彩地活着，所以，关于未来、关于生活、关于国家，所有的一切都是值得期待的。

花和人都会遇到各种各样的不幸，但是生命的长河是无止境的。

我抚摸了一下那小小的紫色的花舱，那里满装生命的酒酿，它张满了帆，在这闪光的花的河流上航行。它是万花中的一朵，也正是一朵一朵花，组成了万花灿烂的流动的瀑布。

至此，紫藤萝已不再是纯自然的生物，而是一个象征，它象征生命再生，象征美的不灭，象征心灵之花的重放。作者对紫藤萝瀑布的礼赞，是她对生命活力的呼唤。"它张满了帆，在这闪光的花的河流上航行"，与文中一再出现的"流动"一词极为契合，呼应前文提到的"水花""船帆"。此时，作者的情绪已然如河流般开阔、稳定地流淌着。"我"抚摸花舱后的感受，表露了"我"的开朗达观，以及对生命的无限赞叹和对未来充满希望的情怀。

在这浅紫色的光辉和浅紫色的芳香中，我不觉加快了脚步。

1982 年 5 月 6 日

"停住了脚步"是被紫藤萝花的旺盛所吸引，"加快了脚步"是被紫藤萝花的生命活力所感染，此处照应开头，凸显了作者前后情感的明显变化——由沉重烦闷到轻松明快。首尾处不一样的心境恰恰是因紫藤萝而变化的。"浅紫色的芳香"又在结尾出现，也说明芳香的渗透力。作者的脚步由开头的由动到静，到现在的由静转动，体现出了精神振奋的变化。结尾情感的处理是全文点睛之笔，简简单单一句话，"留白"处理给读者意犹未尽之感。

"紫藤萝瀑布"这个标题充满了想象力，生动形象地表现了紫藤萝壮观的盛势及流动之美，突出了紫藤萝"流动"这一特点。

我们在阅读《紫藤萝瀑布》时，可以看出正是颜色的对比以及阳光的参与才使得静止的紫藤萝花像流动状态的瀑布一样出现在我们眼前。文中多次出现"流"这一动词："只是深深浅浅的紫，仿佛在流动，在欢笑，在不停地生长"，这里的"流"指的是紫藤萝自身的生长；"觉得这一条紫藤萝瀑布不只在我眼前，也在我心上缓缓流过"，这里的"流"是指紫藤萝给作者带来的抚慰；"不断地流着，流着，流向人们心底"，这里的"流"由"流着"到"流向"，是紫藤萝提供给世人的温情；"它是万花中的一朵，也正是一朵一朵花，组成了万花灿烂的流动的瀑布"，这里的"流"是紫藤萝带给大家的力量。由此可见，这里紫藤萝的"流"已经不仅仅指物理意义上的流动，也指心灵上的慰藉、思想上的流动。

文中的紫藤萝好似是一个鲜活灵动之物，似乎具有人的灵性和感情。所以，在作者笔下，紫藤萝是有声的，会欢笑；是有情的，会和阳光互相挑逗；是有别致外形的，好像张满了帆的船；是有自己追求的，花朵竞相开放，彼此推着挤着，嚷嚷欢笑，活泼热闹。作者点出自己"伫立凝视"，以自己的"静"来反衬"动"。正是在这一系列铺垫之后，紫藤萝瀑布的流动就变得合理了。而"觉得这一条紫藤萝瀑布不只在我眼前，也在我心上缓缓流过"，在作者眼中，紫藤萝瀑布此时已然流动起来了。

　　文章篇幅短小，借花喻人，用花的败落及盛开暗示人的遭际，用花的命运变迁历程暗示作者经历的人生，由花写生活，由花悟生命。本文也运用了托物言志的手法。由于作者将个人的"志"依托在具体的"物"上，于是这个"物"便具有了某种象征意义，成为作者的志趣、意愿或理想的寄托。本文作者借助于对紫藤萝的观察、认知和感悟，对其生命力的强大和生生不息有所领悟，形成了这篇散文独有的"言志"写法。

　　作者在文中一方面写看花、忆花、悟花的过程，另一方面写自己的情感由焦虑悲痛到宁静沉思再到意气振奋的过程，可见作者将抒情融入对紫藤萝化静为动的描述里，使言志与抒情契合。我们也可以认为文章有两条线索：明线和暗线。明线是紫藤萝花，暗线是作者情感上的变化，由视觉的震撼到内心的沉浸，最后是精神的滋养，都是由花带来的。《紫藤萝瀑布》写于作者小弟离世前，加之当时社会的背景情况，我们不难读出宗璞当时的悲痛，她正处于一段历史转折期，患病的亲人和不安的时代让她备感窒息，所有的压力都压在她瘦弱的肩膀上，因此文中说自己是"疑惑"的，是"痛楚"的。尽管当时的压力重如千斤，但当她看见紫藤萝花太过旺盛、太过饱满时，这种大自然的力量冲击了宗璞的心灵，让她领悟了生命的活力。于是她放下压力，心中释然，认为"生命的长河是无止境的"，人不应该拘泥于此时此刻，应该以饱满的态度去生活，她带领着读者在"生命的长河"中找寻到了方向。

作者◎茅盾

解读者◎李然

白杨礼赞·超凡的精神气质

本文是托物言志的名篇。对于托物言志类的散文，首先要细读作者所托之物的特征，然后推敲所托之物的象征意义，进而读出作者寄寓其中的情感或志向。在具体阅读的过程中，关注人称代词、指示代词，关注矛盾之处，关联写作背景，是读懂读透文章的关键所在。

白杨礼赞　　超凡的精神气质

开宗明义，直接点明白杨树的特点——是不平凡的，而且用"实在"强调这一特点，进而用感叹句直接表达对白杨树的赞美之情，奠定了全文的感情基调。那么，作者为什么要赞美白杨树呢？这不得不关注本文的创作背景，强烈的抒情背后还有着作者更深的创作意图。

白杨树实在是不平凡的，我赞美白杨树！

此处没有承接上文继续写白杨树，反而宕开一笔，转写白杨树的生长地——高原，炽热的情感冲淡了许多。"望不到边际"着力渲染高原的广袤，"黄绿错综的一条大毯子"生动形象地勾画出一幅辽阔平坦、色彩鲜艳的高原图画。"奔驰"和"扑"准确而生动地写出了静态的高原迎面而来的情形，突出了汽车速度之快，颇有一番豪迈之情。此时的作者匠心独运，仿佛化身为导游，由远及近，慢慢聚焦，一层一层向我们揭开白杨树不平凡的面纱。

当汽车在望不到边际的高原上奔驰，扑入你的视野的，是黄绿错综的一条大毯子。

黄的是土，未开垦的荒地，几百万年前由伟大的自然力堆积成功的黄土高原的外壳；绿的呢，是人类劳力战胜自然的成果，是麦田，和风吹送，翻起了一轮一轮的绿波，——这时你会真心佩服昔人所造的两个字"麦浪"，若不是妙手偶得，便确是经过锤炼的语言的精华。

定睛细看，这黄绿错综的大毯子由"未开垦的荒地"和"麦田"组成。未开垦的荒地，是几百万年前由伟大的自然力堆积而成，是高原的底色。"麦田"是高原的装饰色，人类劳力战胜了自然，使贫瘠的高原长出无边无垠的麦田，为荒地加入了一抹富有生机的色彩。清风吹拂，一轮又一轮的绿波，让作者内心泛起不尽的欣喜。

黄与绿主宰着，无边无垠，坦荡如砥，这时如果不是宛若并肩的远山的连峰提醒了你（这些山峰凭你的肉眼来判断，就知道是在你脚底下的），你会忘记了汽车是在高原上行

随着汽车的奔驰，作者继续带我们领略"无边无垠""坦荡如砥""黄绿错综"的高原，这些词语勾画了一幅辽阔平坦、色彩浓郁的高原图景。然后，用"雄壮"和"伟大"表达自己目睹苍茫大地的真实感受。此时，白杨树仍然没有出场，作者极力描写白杨树的生存环境，烘托出一种"不平凡"的环境氛围，为后文白杨树的出场铺垫、蓄力。

笔力一转，雄壮伟大的景象变得单调起来，作者的感受发生了变化，他因景色的单调而心生倦怠，情绪低落。值得一提的是，这一节出现了第二人称的"你"，那么这里的"你"是谁呢？可以是作者自己，乘车看到壮丽景色后自己内心的自语与独白。也可以是每一个读者，这样每一个读者都是作者的交流对象。第二人称的使用，将每一个读者"卷入"文本中。伴随作者真实的情感体验及变化，读者仿佛也置身在广袤无垠的高原，随作者情感的变动而波动，真切感受着白杨树的生长环境，和作者一起探寻白杨树的不平凡。下文中的"你"也具有这样的效果。

　　"然而"一词语意再次转折，白杨树的出现打破了单调的景致，刚才的倦怠变成了惊奇地叫了一声，情感再次激昂。作者惊奇是因为在这片未开垦的荒原上，白杨树竟然能够战胜恶劣的生长环境，傲然耸立。由高原的面聚焦到白杨树的点，

驶。这时你涌起来的感想也许是"雄壮"，也许是"伟大"，诸如此类的形容词；

然而同时你的眼睛也许觉得有点倦怠，你对当前的"雄壮"或"伟大"闭了眼，而另一种的味儿在你心头潜滋暗长了——"单调"。可不是，单调，有一点儿吧？

　　然而刹那间，要是你猛抬眼看见了前面远远有一排——不，或者只是三五株，一株，傲然地耸立，像哨兵似的树木的话，

那你的恹恹欲睡的情绪又将如何？我那时是惊奇地叫了一声的！

范围逐渐缩小。随着作者的惊奇，读者恹恹欲睡的情绪，仿佛也被这傲然耸立的白杨树唤醒。

那就是白杨树，西北极普通的一种树，然而实在是不平凡的一种树！

"那"为远指代词，此时的作者仍然乘车前行，仿佛用手指着远处高原上那一排排的白杨树，读者的眼光，也随作者聚焦在了那"极普通"和"不平凡"的白杨树上。"极普通"和"不平凡"看似矛盾，实则各有所指。白杨树"极普通"是因为它在未经开垦的荒原上随处可见；而"不平凡"是因为它虽然身处恶劣的生长环境，但仍旧傲然耸立。由此可见，白杨树顽强对抗生存环境的精神，确实值得赞美，"实在"一词恰恰看出作者的惊叹与强烈的赞美之情。

那是力争上游的一种树，笔直的干，笔直的枝。

"力争上游""笔直"这些人格化的语言，概括出作者远望白杨树时最直接的感受。

它的干通常是丈把高，像加过人工似的，一丈以内绝无旁枝；它所有的丫

四个分句，用人格化的语言，依次描写白杨树的干、枝、叶、皮，"绝无旁枝""紧紧靠拢""片片向上"等词既写出了白杨树外在的形象美，也让读者初步感受到白杨

树内在的精神品质——笔直、团结、力争上游。此时的作者仿佛已经从车上下来，走近白杨树，驻足树旁，自下而上观察、欣赏它"绝无旁枝"的干、"紧紧靠拢"的枝、"片片向上"的叶。接着又把读者的视线拉回，集中在"光滑而有银色的晕圈"的皮上，给笔直挺拔的白杨树，穿上了一件色彩艳丽的外衣。白杨树的外在气质和内在品质是多么高贵美丽啊！这种外在形象的不平凡，不禁让作者发出了下面的议论抒情。

枝一律向上，而且紧紧靠拢，也像加过人工似的，成为一束，绝不旁逸斜出；它的宽大的叶子也是片片向上，几乎没有斜生的，更不用说倒垂了；它的皮光滑而有银色的晕圈，微微泛出淡青色。

这两句议论抒情，转向对白杨树内在品格的赞美。"这是虽在北方风雪的压迫下却保持着倔强挺立的一种树"，这里用了一个较长的定语，"虽……却……"这组表转折关系的关联词，强调白杨树面对恶劣的生长环境依然倔强挺立的不平凡。"哪怕"强调无论外在条件如何恶劣，自身条件多么不足，白杨树都会努力向上发展，不折不挠。透过白杨树笔直的外形，作者看到了它的倔强、力争上游的内在品格并为之赞美。至此，白杨树的外在形象和内在精神关联在一起，不平凡的含义更加丰富。

这是虽在北方风雪的压迫下却保持着倔强挺立的一种树！哪怕只有碗那样粗细，它却努力向上发展，高到丈许，两丈，参天耸立，不折不挠，对抗着西北风。

这就是白杨树，西北极普通的一种树，然而决不是平凡的树！

再一次使用看似矛盾的词语，强调白杨树的不平凡。"这"写出此刻作者仿佛用手一遍遍抚摸着白杨树，感受着它外在的笔直，欣赏着它内在的不折不挠。这恰恰就是白杨树值得称赞的地方，在如此恶劣的环境下，竟然能够保持自己的品格，不折不挠傲然耸立。于是作者掷地有声地说出"决不是平凡的树！"，高亢的赞美声响彻辽阔的高原。

它没有婆娑的姿态，没有屈曲盘旋的虬枝。也许你要说它不美。如果美是专指"婆娑"或"旁逸斜出"之类而言，那么，白杨树算不得树中的好女子。但是它伟岸，正直，朴质，严肃，也不缺乏温和，更不用提它的坚强不屈与挺拔，它是树中的伟丈夫！

此时作者再次先抑后扬，激昂的情感再次被冲淡，仿佛在为后文情感的再次升华蓄力。先说白杨树可能不美，没有婆娑的姿态，没有盘曲的虬枝，从供人赏玩的角度来看，算不得树中的好女子。笔力一转，夸赞白杨树是树中的伟丈夫，赋予白杨树人格化的精神——伟岸，正直，朴质，严肃，也不缺乏温和。这些词语，一句一顿，作者在思考、搜寻合适的词语，极力赞美白杨树如伟丈夫般的内在品质。一方水土养一方人，此时的作者有了更深的思考，因为在白杨树的身上，他看到了独属于西北军民的精神品质，白杨树的精神开始和人的品质勾连了起来，白杨树的象征意义逐渐彰显。

四个反问句层层深入，第一个反问句，强调了那一株或一排傲然挺立的白杨树，不只是树。不只是树还能是什么呢？第二个反问句给出了第一个答案，它至少也象征了北方的农民。北方的农民与白杨树一样，朴质严肃，坚强不屈。第三个反问句给出了第二个答案，它也象征了守卫家乡的哨兵。守卫家乡的哨兵与白杨树一样傲然挺立，坚强不屈，守卫家乡，而且到处可见。第四个反问句给出了第三个答案，它宛然象征了今天在华北平原纵横决荡，用血写出新中国历史的那种精神和意志。那种精神和意志，就是北方的农民和守卫家乡的哨兵共同表现出的挺拔、坚强不屈的精神意志。与前文从白杨树外部形态感受到的内在气质相近，这四个反问句由树及人，再到人的精神意志层层深入，自然而然地赋予白杨树象征意义。而且，每个反问句都是长句，四个反问句组合在一起，又构成一组排比，气势如排山倒海般向读者涌来，不容置疑地向读者呈现白杨树的象征意义。而呈现在读者眼前的，仿佛也不是一株株白杨树，而是威风凛凛守卫家园的西北军民。

当你在积雪初融的高原上走过，看见平坦的大地上傲然挺立这么一株或一排白杨树，难道你就觉得它只是树？难道你就不想到它的朴质，严肃，坚强不屈，至少也象征了北方的农民？难道你竟一点也不联想到，在敌后的广大土地上，到处有坚强不屈，就像这白杨树一样傲然挺立的守卫他们家乡的哨兵？难道你又不更远一点想到，这样枝枝叶叶靠紧团结，力求上进的白杨树，宛然象征了今天在华北平原纵横决荡，用血写出新中国历史的那种精神和意志?

白杨不是平凡的树。

它在西北极普遍，不被人重视，就跟北方农民相似；它有极强的生命力，磨折不了，压迫不倒，也跟北方的农民相似。

水到渠成，白杨树的确不平凡的内涵趋近饱满。纵观全文，相似的句子出现了四次，类似于诗歌中的复沓，在回环往复中强化白杨树的不平凡，一次又一次地礼赞白杨树，进而与读者产生情感共鸣。

如果说第五段在讲白杨树与其内在精神的直接关联，那么这里就几乎抛开了白杨树的外形特征，直接将其内在精神与具体的象征物联系起来，白杨树象征着的是极普遍的，但又有极强生命力的北方农民。

我赞美白杨树，就因为它不但象征了北方的农民，尤其象征了今天我们民族解放斗争中所不可缺的朴质、坚强、力求上进的精神。

赞美之情达到高潮，末句又补一笔，直接说明赞美白杨树的原因，赋予不平凡实际内容。白杨树象征着北方农民，更象征着斗争中最要紧的朴质、坚强、力求上进的精神。在1941年抗日战争的相持阶段，西北军民身上的这些精神是中华民族的前途和希望。至此，一个高大丰满的白杨树形象矗立在读者面前。

让那些看不起民众、贱视民众、顽固的倒退的人们

文章结尾，作者对照着写了楠木与白杨树。两种树的品格不同，一种是贵族化，一种是普通当中蕴含着不平凡。象征意义也迥异，一

种象征着追逐权贵、贱视民众、顽固倒退的人；一种象征着在北方坚持抗战的广大民众。两相对比，作者毫无顾忌地发出对白杨树及其所象征的精神品格的赞美。此时，作者好像又抛出了一个思考：作为读者的你，在国家危难的关键时期，要高声赞美哪种树呢？

去赞美那贵族化的楠木（那也是直挺秀颀的），去鄙视这极常见、极易生长的白杨树吧，我要高声赞美白杨树！

《白杨礼赞》是茅盾在1941年创作的一篇托物言志散文，从标题中的"礼赞"一词可以看出作者对白杨树的崇高敬意。托物言志类的散文往往要借助某一具体事物来寄托作者的情感，或表达作者的思考。因此，这类散文首先要细致描绘这一事物，突出其某些方面的特征；同时常常使用象征手法，赋予这一事物某种象征意义，借此表达自己的情感或志向。

茅盾以审美的眼光看待西北的自然景观——傲然挺立荒原的白杨树。首先展现白杨树不平凡的生存环境，即西北高原独特的景象；接着描写白杨树外在形貌的笔直挺拔和内在气质的坚贞不屈。随后，自然而然赋予白杨树具有鲜明时代特征的象征意义：白杨树象征着朴质严肃的北方农民；象征着坚强不屈守卫家乡的哨兵；象征着西北抗日军民身上那种坚贞不屈、顽强拼搏的精神。

　　联系当时风起云涌的抗日斗争，在作者笔下，白杨树不仅仅是审美对象，更是抗日军民坚贞不屈的精神载体。文章既是高声赞美白杨树，更是在讴歌奋起与日寇进行殊死战斗的广大西北农民、战士，讴歌他们身上所具有的顽强意志和坚强精神。

　　沈逸千曾为《白杨礼赞》作《白杨图》，茅盾题诗：北方有佳树，挺立如长矛。叶叶皆团结，枝枝争上游。羞与楠枋伍，甘居榆枣俦。丹青标风骨，愿与子同仇！不难读出，对于白杨树的礼赞，源于当时独特的社会背景。1941年抗日战争处于相持阶段，茅盾看到了国民党反动派消极抗日、积极反共的种种事实，也看到了广大北方军民在共产党领导下，不畏艰难、团结一致，粉碎日寇"扫荡"的战绩。茅盾从他们身上看到了中华民族的前途和希望。由于当时身处国民党统治区，作者采用含蓄的象征手法，表达对抗日军民的赞美之情。

　　文章篇幅不长，语言干脆利落，突出塑造了普通却不平凡的白杨树的形象。主旨鲜明，线索清晰，但不失起伏、波澜、跌宕，气势恢宏，感情充沛，在回环往复中产生震撼人心的效果。

昆明的雨·回忆的味道

作者◎汪曾祺

解读者◎姜小娜

汪曾祺的语言总能使每样事物穷形尽相，如在眼前，同时又因其生动形象而增添无穷趣味。读汪曾祺的文章，你会为他的文字的魔力所倾倒。《昆明的雨》一文句子短峭，很朴实，像在水里洗过，新鲜、纯洁。在细读《昆明的雨》文本的过程中，我们应关注那些容易被忽略的标点、闲笔和细节，并通过适时的追问、深入的思考，咀嚼、品味汪曾祺文字的意韵。

昆明的雨 回忆的味道

宁坤即巫宁坤，二人既是同乡，也是西南联大的校友，在昆明共同度过一段美好的时光，感情甚笃。二人称昆明是"第二故乡"。这幅须有昆明特点的画寄予了他们对昆明的怀念，对那段难以忘怀的美好岁月的怀念。

此画看似简单，但却是经过深思熟虑的作品，这从"想了一些时候"不难看出。巫宁坤曾在《花开正满枝》中回忆，当时距昆明生活那段时期已有数十年，汪曾祺对昆明的百花记忆犹新，了如指掌，但还是只画了昆明人家门头倒挂着的仙人掌，几朵青头菌、牛肝菌。可见，在汪曾祺心中，这些常见植物能表现昆明的特色，也能表达自己的心情。正如巫宁坤所言，这幅画"从构思到布局和题词，处处可见匠心，淡泊宁静，炉火纯青"。

宁坤要我给他画一张画，要有昆明的特点。

我想了一些时候，画了一幅：右上角画了一片倒挂着的浓绿的仙人掌，末端开出一朵金黄色的花；左下画了几朵青头菌和牛肝菌。题了这样几行字：昆明人家常于门头挂仙人掌一片以辟邪，仙人掌悬空倒挂，尚能存活开花。于此可见仙人掌生命之顽强，亦可见昆明雨季空气之湿润。雨季则有青头菌、牛肝菌，味极鲜腴。

我想念昆明的雨。

这思念由画而起，也是情不自禁、无比真诚的感慨。汪曾祺先生想念的昆明，想念的物、景色、人……全都浸润在雨中。这句话仿佛是思绪的开端，那些昆明的点滴皆由此生发开来，下文即娓娓道来……

我以前不知道有所谓雨季。"雨季"，是到昆明以后才有了具体感受的。

这两句话隐含了比较的思维方式。汪曾祺先生在原有的生活经验中并没有雨季的概念，因此以原有的生活体验来看昆明的雨季时，是饱含感叹和赞美的。从"雨季"二字以逗号隔开，并加引号表示强调，即可看出一二。

我不记得昆明的雨季有多长，从几月到几月，好像是相当长的。但是并不使人厌烦。因为是下下停停，停停下下，不是连绵不断，下起来没完，而且并不使人气闷。我觉得昆明雨季气压不低，人很舒服。

"不记得"并不是因不在乎而忘却，是有关昆明点滴的记忆都在雨中，因此如是说。这里进一步解释了"不使人厌烦"的原因，也是昆明雨季的特点。"下下停停，停停下下"看似重复，读来却音韵和谐，朗朗上口，字里行间是一种愉悦的状态。"并不使人厌烦""并不使人气闷"采用否定形式，闲叙家常似的口吻写出昆明雨季的灵性，懂得适可而止，给人好感，因此下文自然而然地说"人很舒服"。

这里就是有力的、饱含深情的正面评价。"明亮的"是一种视觉角度的感受，同时也表现出作者内心的敞亮、欣喜。"丰满的"就有了一些人格化的内涵，又呼应下文的"饱和"。这样美好的昆明的雨季怎能不"使人动情"呢？

作者用极致的形容词、副词来表现昆明雨季植物的茂盛，蔚然生秀。

"写实"一词与上文的"过分""夸张"形成鲜明的对照，但这种对照殊途同归，将昆明雨季"丰满"的特点落实。这种对照写得又很有趣味，听作者讲来如猎奇一般引人入胜。

作者着力于昆明雨季的"丰满"，同时又细致地为我们描绘了一幅昆明民俗画，"扎""穿""挂"一系列动词让这幅画生动起来，我们仿佛看到了昆明家家户户正制作着辟邪物件儿，仿佛听到昆明人们的谈笑声。这是极富人情味儿的画面，没有真心的喜爱是写不出来的。

昆明的雨季是明亮的、丰满的，使人动情的。

城春草木深，孟夏草木长。昆明的雨季，是浓绿的。草木的枝叶里的水分都到了饱和状态，显示出过分的、近于夸张的旺盛。

我的那张画是写实的。

我确实亲眼看见过倒挂着还能开花的仙人掌。旧日昆明人家门头上用以辟邪的多是这样一些东西：一面小镜子，周围画着八卦，下面便是一片仙人掌，——在仙人掌上扎一个洞，用麻线穿了，挂在钉子上。

昆明仙人掌多，且极肥大。有些人家在菜园的周围种了一圈仙人掌以代替篱笆。

呼应"极"字，以仙人掌代替篱笆闻所未闻，使人生发想象：昆明雨季的仙人掌像是童话世界里的植物，不同于现实世界里的正常尺寸，充满童真童趣。

——种了仙人掌，猪羊便不敢进园吃菜了。仙人掌有刺，猪和羊怕扎。

"便不敢"三个字又将读者从童话世界拉入民俗风情，这实乃是当地的一大特色。"怕"字妙在写出猪羊想吃却不能吃的焦急、不吃却不想走的留恋，此种窘迫的姿态全被人看在眼里，我们仿佛能听到仙人掌篱笆旁边的人们正在哈哈大笑。

昆明菌子极多。雨季逛菜市场，随时可以看到各种菌子。最多，也最便宜的是牛肝菌。

由面到点的写法，两个"最"字写出了作者选择牛肝菌来介绍的原因，常见且便宜，的确是能够代表昆明雨季的菌子。

牛肝菌下来的时候，家家饭馆卖炒牛肝菌，连西南联大食

极为真实的生活体验，最便宜常见的自然是接触最多的，因此用"连……都可以"，这种表达对牛肝菌存有一种珍视的热忱，仿佛是介绍一位相伴多年一同走过艰苦岁

月的老友，下文的赞美自然就毫不吝啬了。

堂的桌子上都可以有一碗。

这句话给常见且便宜的牛肝菌极高的评价。颜色犹如牛肝，比喻生动形象，于视觉角度描绘牛肝菌。"滑，嫩，鲜"三字均是味觉。享用结束，或许没有哪个字能评价这饕餮之享，只能挤出一个"香"字来了。因此，看似简单的几个字，一词一句，一句一顿，却写出了品尝牛肝菌的整个过程，穷尽牛肝菌的美味。"很好吃"俗中带雅，品牛肝菌的那种愉悦的意境也就飘然而至了。

牛肝菌色如牛肝，滑，嫩，鲜，香，很好吃。

闲叙之话，使文章充满生活气息。

炒牛肝菌须多放蒜，否则容易使人晕倒。

用"格调"高来评价青头菌，原来的烟火气顿时"典雅"起来，青头菌变成一件工艺品，餐盘上的浅绿色规格高起来，吃饭便成为一种美的享受，吃饭的人也变得有品位。

青头菌比牛肝菌略贵。这种菌子炒熟了也还是浅绿色的，格调比牛肝菌高。

再一次呼应段首"昆明菌子极多"，纵使是名贵山珍，鸡枞菌在云南也常见，以至于名贵也只是等同于一碗黄焖鸡罢了。听作者道来，读者会极为向往昆明的雨季，谁会

菌中之王是鸡枞，味道鲜浓，无可方比。鸡枞是名贵的山珍，但并不真的

名篇悦读·激活语文学习力 自然篇

贵得惊人。一盘红烧鸡枞的价钱和一碗黄焖鸡不相上下，因为这东西在云南并不难得。

拒绝一个吃名贵山珍都很"便宜"的地方呢？

有一个笑话：有人从昆明坐火车到呈贡，在车上看到地上有一棵鸡枞，他跳下去把鸡枞捡了，紧赶两步，还能爬上火车。这笑话用意在说明昆明到呈贡的火车之慢，但也说明鸡枞随处可见。

此笑话在前文"俗""雅"之外又多了一些"博"，可见汪曾祺对有关昆明的点滴记忆真是丰富至极。这里意在说明鸡枞菌的"随处可见"，然在时隔数十年之后，这样一个看似普通的笑话却被回忆起，实在是出于对昆明的无比热爱。

有一种菌子，中吃不中看，叫作干巴菌。乍一看那样子，真叫人怀疑：这种东西也能吃？！

此处结尾连用两个标点符号，作者的情感必然是多层的：不妨音调上扬，眉头紧皱，但作者必定已经吃过，明确了此物确实能吃，于是情不自禁加上感叹号，表达一种惊叹状，音调下降。如此强烈多重的情感，尽显童趣。

这里作者下尽力气"贬低"干巴菌。"半干的牛粪""被踩破了的马蜂窝",这样的喻体无论如何都使人厌恶,毫无美感,更何况还"乱七八糟"！无论颜色,还是外形,抑或洁净程度,再加上感叹号的使用,作者已将干巴菌"抑"到极致了,为后文的"扬"做足准备。

颜色深褐带绿,有点像一堆半干的牛粪或一个被踩破了的马蜂窝。里头还有许多草茎、松毛,乱七八糟！

此处作者将下点功夫整理出来的干巴菌,配以鲜艳清脆的青辣椒同炒,色香味俱全,使人馋涎欲滴。结合前文,先抑后扬,情绪起伏,引人入胜,调动你身体的各个器官,感受作者那浓郁得化不开的对昆明生活的热爱。句末同样是双重标点符号的使用,不同的是,在此处无论音调上扬,还是音调下降,表情达意都是一致的,一种不敢置信的惊喜、惊叹之情溢于言表。

可是下点功夫,把草茎松毛择净,撕成蟹腿肉粗细的丝,和青辣椒同炒,入口便会使你张目结舌:这东西这么好吃？！

写作有序,对照中吃不中看的干巴菌而来。鸡油菌无甚可写,形状喜人,口语描绘,比喻形容,犹如正放在手中观赏般生动。

还有一种菌子,中看不中吃,叫鸡油菌。都是一般大小,有一块银元那样大,滴溜儿圆,颜色浅黄,恰似鸡油一样。

这种菌子只能做菜时配色用，没甚味道。

若不是有亲自下厨的经验，万不能写出这样的句子来。作者的思维一下子跳脱到生火做菜上去，闲淡有趣。

雨季的果子，是杨梅。

讲完"菌子"，讲"果子"，平淡自然，有一种淡泊的美。"是"如实写出作者的心理，在作者心中，杨梅是主角，是能够代表昆明雨季水果的唯一。

卖杨梅的都是苗族女孩子，戴一顶小花帽子，穿着扳尖的绣了满帮花的鞋，坐在人家阶石的一角，不时吆喝一声："卖杨梅——"声音娇娇的。

写杨梅却不直接写，陡转一笔，写卖杨梅的苗族女孩子，细想之下，以相关人、事、物写之，才别有一番风味。苗族姑娘戴着小"花"帽子，画面感极强。花一样年纪的小姑娘，花团锦簇般坐在阶石的一角吆喝着，这实在美得令人心动，让阴沉的雨季明亮起来，灵秀起来。作者恰到好处地选择了卖杨梅的情景，如慢镜头一般，由上至下，从近到远，先静后动，由色及声，比直接写杨梅更吸引人。

她们的声音使得昆明雨季的空气更加柔和了。

"娇娇"的声音使得昆明的雨季生动起来。吸引作者的或许不只是杨梅的那份美味，更有那份人与物与景，即下下停停，停停下下的昆明的雨浑然一境的风情图。

此处才开始着笔描绘杨梅，先形后味。"一球烧得炽红的火炭"不仅写出杨梅颜色的艳丽浓郁，还表现出其个头之大，质地之紧实。虽无过多笔墨写杨梅的味道，但单单说到杨梅，我们就已经淌出口水了。然而，作者反而强调昆明的杨梅很甜，杨梅本来的酸与昆明杨梅的甜相融合，恰到好处。加之两个感叹号的连用，作者对昆明杨梅的喜爱就更加浓烈了。

昆明的杨梅很大，有一个乒乓球那样大，颜色黑红黑红的，叫作"火炭梅"。这个名字起得真好，真是像一球烧得炽红的火炭！一点都不酸！

一种不自觉的比较，一种历经千山万水唯对昆明的杨梅情有独钟之感觉。再次回应首句"雨季的果子，是杨梅"。

我吃过苏州洞庭山的杨梅、井冈山的杨梅，好像都比不上昆明的火炭梅。

异曲同工，"是"蕴含着与前文中对杨梅的同样的情感。

雨季的花是缅桂花。

乍一看，全是闲言碎语，作者对缅桂花的名字喋喋不休，追根刨底，再深究也不过一朵花的名字。然而细想，从中可看出汪曾祺极热爱花花草草。巫宁坤曾说，"时隔数十年，他对昆明的百花记忆犹新，

缅桂花即白兰花，北京叫作"把儿兰"（这个名字真不好听）。云南把这种花叫作缅桂花，可能最初这种花是从

名篇悦读·激活语文学习力 自然篇

缅甸传入的，而花的香味又有点像桂花，其实这跟桂花实在没有什么关系。——不过话又说回来，别处叫它白兰、把儿兰，它和兰花也挨不上呀，也不过是因为它很香，香得像兰花。

了如指掌，如数家珍"。读过汪曾祺文章的话，你就更加知道他文章所写植物之多，简直像一个植物学家。作者的心意，不过是对昆明雨季的缅桂花爱极了。爱极了，便想真切地了解其所有。

我在家乡看到的白兰多是一人高，昆明的缅桂是大树！

惊叹昆明缅桂的与众不同，读到此处，会发现昆明雨季的各种植物有太多的与众不同，使人不禁觉得昆明是一个神奇的地方，雨中的昆明更加神奇，令人向往。

我在若园巷二号住过，院里有一棵大缅桂，密密的叶子，把四周房间都映绿了。

喜爱缅桂花，首先是偌大的翠绿，作者的生活、工作都映照在缅桂树下，这是一种闲适的氛围，亦是一种恬淡的心境，此种情景在多年后回忆起来，无疑会无比想念。

缅桂盛开的时候，房东（是一个五十多岁的寡妇）就和她的一个养女，搭

从"每天"来看，缅桂花对于昆明百姓来说，是一项必要的收入来源，如此，这花的美便有了一份沉淀，有了一份实在。

了梯子上去摘，每天要摘下来好些，拿到花市上去卖。

她大概是怕房客们乱摘她的花，时常给各家送去一些。有时送来一个七寸盘子，里面摆得满满的缅桂花!

　　"怕"字很有味道，值得细细品味。难道是昆明的人们小气吗？小气怎又会送去满满的缅桂花？显然，房东并不小气，可又确确实实"害怕"房客们乱摘花，这种怕是对必要经济来源的担忧，恰恰表现出房东一家生活的艰辛与不易。但房东没有高声喝止，也没有立牌禁止，反而采用一种极富人情味的方式，送去祝福和温情，留下满足后的希望。这是多么淳朴的人啊!

带着雨珠的缅桂花使我的心软软的，不是怀人，不是思乡。

　　即使存着怕房客乱摘的目的，这家人仍旧没有送来存放多时的花朵，而是新鲜的，现摘下来的。正是这份淳朴、善良，"融化"了作者的心。如写到此处，表情达意也就够了，妙在作者接着写"不是怀人，不是思乡"，连用两个"不是"说明此刻的绵长思绪，并不是远离故土与亲人的愁思，而是为此刻昆明人家的这份情谊。但作者并不写透，采用否定的形式，隐藏起心中那份慰藉，以朦胧的、诗意的语言，写就诗一样美好的昆明人家。

雨，有时是会引起人一点淡淡的乡愁的。李商隐的《夜雨寄北》是为许多久客的游子而写的。

此句或许一语双关。当作者身处昆明时，昆明的雨曾触发他的家国之思。如今时隔数十年之久，回首再看，昆明已成故乡，"淡淡的"或许并不是真正的淡，反而是深浓得化不开的思念。"久客"用来形容作者再合适不过，汪曾祺曾在西南联大生活了近七年的时间，久别家乡与亲人，加之当时国难当头，乡愁必然是有的。因此，作者想到昆明的雨，就联系到李商隐的《夜雨寄北》。

我有一天在积雨少住的早晨和德熙从联大新校舍到莲花池去。

"德熙"即朱德熙，当时与作者同为西南联大中文系学生。这一句话中有诸多细节，仿佛就发生在昨日，记忆之真切，均可见作者对昆明深深的怀念，从物到人，再到事，如数家珍。

看了池里的满池清水，看了着比丘尼装的陈圆圆的石像（传说陈圆圆随吴三桂到云南后出家，暮年投莲花池而死），雨又下起来了。

满池的清水为何让作者记忆犹新？这里透露着诗人的意趣，看风看雨看满池涟漪，都是一种宁静自在的闲情雅趣，也显示出作者悠然自得的心境。这里特意提及陈圆圆的石像，增加了一点儿文化意蕴。但陈圆圆背井离乡，最终投湖而去，这里也含了一点儿乡愁的意味。如此反复，乡愁愈发深浓了。"雨又下起来了"这一句不能少，虽然没有生动的描绘，但雨中的意境早已淡淡铺开来，为以后的叙述做好了准备。

闲谈式的写法，带着读者从容自然地走进他的回忆中。那是一条一眼就可以望穿的"小"街道，有一个"小"酒馆，两个"小"字表现出这个地方并不开阔，但足有安全感，就这样"小"的地方永久地留在作者的脑海中，弥足珍贵。作者接着絮絮而谈，重演一遍似的，连装酒的杯子的质地和颜色都事无巨细地写出来，记忆这样真切，可知情感多么强烈。

> 莲花池边有一条小街，有一个小酒店，我们走进去，要了一碟猪头肉，半市斤酒（装在上了绿釉的土瓷杯里），坐了下来。

雨下大了，雨季乡愁的氛围更加浓郁。

> 雨下大了。

这一段文字写得极细腻、自然，且富有生活气息，又不失诗意盎然。几只鸡的状态在雨中的农家院中常见，独脚"一动不动"站着的"静"，渲染了一种孤独、寥落的氛围。作者也并没有描绘酒店的热闹和同老友的交谈，整个环境安静得厉害，一大架子的木香花，"严严""匝匝"叠词的使用，把人拉向思绪的深处，"被雨水淋得湿透"的花骨

> 酒店有几只鸡，都把脑袋反插在翅膀下面，一只脚着地，一动也不动地在檐下站着。酒店院子里有一架大木香花。昆明木香花很多。有的小河沿岸都是木香。但是这样大

的木香却不多见。一棵木香，爬在架上，把院子遮得严严的。密匝匝的细碎的绿叶，数不清的半开的白花和饱涨的花骨朵，都被雨水淋得湿透了。我们走不了，就这样一直坐到午后。

朵也是沉默观察后的结果。总之，这一段所有的景物描写，都极力表现出一种空旷、寂寥的意境，营造出一种令人压抑的哀伤气氛。与前文写卖杨梅的小姑娘和送缅桂花的房东完全不是一个笔法，更区别于写昆明雨季的菌子了。在这里，一种文人气质沾染字里行间，到此处，那种对昆明生活的怀念之情马上就要喷薄而出了，但又婉转回环。

四十年后，我还忘不了那天的情味，写了一首诗：

莲花池外少行人，
野店苔痕一寸深。
浊酒一杯天过午，
木香花湿雨沉沉。

上文种种细数，种种渲染，看似一切都是淡淡的，却将怀念以及乡愁的情味描摹得更深，以至于再也无法不直抒胸臆，像诗像酒，越久越浓，刻骨铭心。诗与文相佐，强调"那天的情味"。

我想念昆明的雨。

情不自禁地表白，只言片语饱含着作者对花城魂牵梦绕的深情，深沉地抒发自己对昆明的怀念，对昆明的物、人、事的喜爱、怀念之情。

1984年5月19日

汪曾祺先生在《昆明的雨》一文中想要表达的情感是显而易见的，他前后两次写到"我想念昆明的雨"。但是，想要把这种深切的怀念理解透彻却不容易，我们必须深入文章的肌理中细细体会。

　　昆明的雨之精神如何写出？汪曾祺先生借助的是他记忆中昆明雨季的人、物、事、景：肥大而生命力强盛的仙人掌、中看不中吃或中吃不中看的菌子、火炭般甜甜的杨梅、带着雨珠的缅桂花，还有卖杨梅的苗族姑娘、送缅桂花的房东母女，更有莲花池边小酒店寂寥的雨景、与友人的小酌……汪曾祺先生特意选取这些"凡人小事"，看似随意为之，但风物以雨滋养，人景有雨滋润，以"雨"贯穿，雨中物、雨中人、雨中景表现雨中情，生动地、鲜活地描绘出一个明亮的、丰满的、使人动情的昆明的雨季。

　　然而，散文《昆明的雨》的精妙还不在于此，其动人处在其"淡而有味"的个性化语言风格。汪曾祺先生曾说："我是希望把散文写得平淡一点，自然一点，家常一点的。"读《昆明的雨》，作者仿佛就坐在你面前，听他把记忆中的点滴，或有趣，或感人，娓娓道来，闲话家常，使你毫无拘束感，任随其往。带你去见识不一样的仙人掌时，趣味横生，如同孩子讲新奇见闻；谈菌子时，又化身农家，满身烟火气息的评价，准确又形象；等到描摹昆明的人物时，又着意于人物的情状和内在，温情动人；再到营造雨境、渲染寂寥、感受乡愁时，却蕴藉丰富，典雅如诗……一个人的语言能够做到雅俗共赏，亲切自然，不矫揉造作，与读者真诚相见，殊为不易。这样的文字读来舒服明白，怎不让人喜爱呢？

　　巫宁坤说，"这个雨中的花城，色、香、味、音、情俱全，正是曾祺精神世界的投影"。汪曾祺先生热爱生活，懂得美，也善于将美生活化，而这份情怀出自爱，出自对昆明活色生香的生活的热爱和怀念。于是，汪曾祺先生以"凡人小事"为肉，以"对昆明生活的喜爱和想念"为灵，造就了这"淡而有味"的动人篇章。

苏州园林·一幅完美的图画

作者◎叶圣陶

解读者◎蒋白鹭

　　《苏州园林》语言朴实，结构严谨，修辞灵活，堪称说明文典范。苏州园林被叶圣陶先生比喻为"一幅完美的图画"，而我们读《苏州园林》何尝不是在欣赏"一幅完美的图画"？叶圣陶先生从欣赏者的角度，用朴实简括的语言写出园林的总体特征之后，又从各个方面勾勒出一幅幅画面，灵活地运用了比喻、排比、引用、对偶等多种修辞手法，把这些画面描绘得灵动流彩且有自然之趣。苏州园林之美、之趣在叶圣陶先生朴实的语言中"完美"地呈现在读者眼前，使读者仿佛跟着作者移步换景，"身在画中"游。

苏州园林 一幅完美的图画

开篇用"据说"一词，表明"一百多处"不是他亲身考察的。"一百多处"中作者到过的不过"十几处"，可见苏州园林之多。作者还特地补充强调了"其他地方的园林我也到过一些"，这样由他来讲述苏州园林也更具说服力，以此也引出后文所要写的内容。

苏州园林据说有一百多处，我到过的不过十多处。其他地方的园林我也到过一些。

作者用"标本"一词来说明苏州园林是我国各地园林的典范，高度地评价了它在我国园林中的地位，说明苏州园林具有很高的观赏价值，同时指明鉴赏苏州园林的重要性。"不该"一词，用否定的意思表示肯定的语气，说明应该去欣赏。在这一段中，作者明确表达了自己对苏州园林的态度。作者并不只是要"说明"苏州园林为我国各地园林的典范，更想引导读者鉴赏苏州园林之美。

倘若要我说说总的印象，我觉得苏州园林是我国各地园林的标本，各地园林或多或少都受到苏州园林的影响。因此，谁如果要鉴赏我国的园林，苏州园林就不该错过。

设计者和匠师们因地制宜，自出心裁，修建成功的园林当然各个不同。可是苏州各个园林在不同之中有个共同点，似乎设计者和匠师们一致追求的是：务必使游览者无论站在哪个点上，眼前总是一幅完美的图画。

"务必使游览者无论站在哪个点上，眼前总是一幅完美的图画"，是设计者和匠师们的一致追求，也总括了苏州园林的整体特点。作者从游览者的角度概括出苏州园林的共同之处，简言之就是"一幅完美的图画"。一般来说，图画既源于自然，又高于自然，设计者和匠师们将自然天成的景色进行抽取、提炼、集中，然后修建成既不悖于自然之理又更具有图画美的苏州园林。"务必"好像有一种"委任"之感，"无论……总"又强调了苏州园林是一个完美的艺术整体。据此，我们可以领会到，无论置身于苏州园林的哪个位置，游览者欣赏眼前的风景都能获得精心安排又不损自然的美感。读者自然心向往之。

为了达到这个目的，他们讲究亭台轩榭的布局，讲究假山池沼的配合，讲究花草树木的映衬，讲究近景远景的层次。总之，一切都要为构成完美

为了实现让游览者"无论站在哪个点上，眼前总是一幅完美的图画"的目的，苏州园林的设计做到了四个"讲究"。这四个"讲究"构成一组排比句，概括说明了苏州园林四个方面的特征，也和后面的四个段落形成一一对应的关系。第一个"讲究"强调了第三段的亭台轩榭的布局；第二个"讲究"强调第四段假山池沼的配合；第三个"讲究"强调第五段花草树木的映衬；第四个"讲

究"强调第六段近景远景的层次。接着，用"总之"做归纳，进一步强调苏州园林"图画美"的总特点。"一切""决不"语气坚定，表示了不容置疑的肯定意思，道出了设计者和匠师们精益求精、严谨不苟的艺术追求。一个"唯"字更能体现出苏州园林的设计者非常重视游览者的感受，侧面反映出他们的独具匠心。最后写游客的反应，"没有一个不"双重否定，强调苏州园林能给予游览者"如在画图中"的美感体验，进一步对苏州园林的"图画美"加以证明。园林有设计，作者谋篇布局也一样精心安排，逻辑清晰。

我们还不能放过需要体味才能嚼出"美"的地方：作者用古代的宫殿、近代的一般住房和苏州园林的建筑进行比较，并以图案画与美术画作比较，突出说明苏州园林建筑的布局之美——避免对称、追求自然之趣。作者用词的分寸感极强："我国的建筑"限定了空间的范围，并非全世界都这样；"近代"限定了时间范畴，因为即使在我国，现代的建筑也已经不讲究对称了。这些都能看出作者在语言上的字斟句酌。如果真的要一本正经地说"对称"

的图画而存在，决不容许有欠美伤美的败笔。他们唯愿游览者得到"如在画图中"的美感，而他们的成绩实现了他们的愿望，游览者来到园里，没有一个不心里想着口头说着"如在画图中"的。

我国的建筑，从古代的宫殿到近代的一般住房，绝大部分是对称的，左边怎么样，右边也怎么样。苏州园林可绝不讲究对称，好像故意避免似的。东边有了一个亭子或者一道回廊，西边决不会来一个同样的亭子或者一道同样的回廊。这是为什么？我想，用图画来比方，对称的建筑是图案画，不是美术画，而园林是美术画，美术画要求自然之趣，是不讲究对称的。

苏州园林里都有假山和池沼。假山的堆叠，可以说是一项艺术而不仅是技术。或者是重峦叠嶂，或者是几座小山配合着竹子花木，全在乎设计者和匠师们生平多阅历，胸中有丘壑，才能使游览者攀登的时候忘却苏州城市，只觉得身在山间。

的概念，那未免有些太拖沓也索然无味，作者用非常易懂的语言"左边怎么样，右边也怎么样"一下子就诠释清楚了。对称的建筑像是工整规则的图案画，能带给人整齐端庄的美感，但缺少自然之趣。而苏州园林要求"有自然之理，得自然之趣"，因此错落有致的亭台轩榭等园林建筑，就是苏州园林中入画的主角之一了。

作者对两个近似概念"艺术"与"技术"进行比较，利于读者辨析其中的微殊之处："艺术"是强调个人独创性的活动；"技术"意味着有固定的程序和手法。"是一项艺术而不仅是技术"指出苏州园林更多的是体现人的创造精神和审美情趣。不论规模大小，假山的堆叠都需要以技术为基础，但仅靠技术又是不够的，苏州园林的设计者和匠师们需要胸中怀有关于山水风景的高明构思，将大自然中优美的山景根据他们自己的艺术趣味和美好理想进行构建，才能创造出充满自然之趣的假山，从而让游览者"只觉得身在山间"。然而，如果真的是"爬山"又会给人一种很吃力的感觉，而"身在山间"有一种在欣赏美景之感，写出了闲适而愉悦的感觉。

作者先点出苏州园林池沼之水"大多引用活水",有一股生趣。各个园林的水情况各异。一种是池沼宽敞的,一种是水面"成河道模样"的。前者的设计是"把池沼作为全园的中心,其他景物配合着布置",后者的设计是"安排桥梁"。这便是因地制宜——在造园时根据各地的具体情况,采取行之适当的措施。这印证了文章第二节中所说的"设计者和匠师们因地制宜,自出心裁"。"引用"一词,完全是作者从句意出发的匠心独运,在句中是"引来使用"的意思,让人很自然地想到"问渠那得清如许?为有源头活水来"。两座以上的桥梁决不雷同,讲的也是避免对称,讲究自然之趣。接着作者细致描写水边景及水中景,从小处体现了苏州园林中山水布置虽出自人工却宛如天成的特点,富有自然之趣。"一幅画""入画"和前文"图画美"的总特征形成呼应。"鱼戏莲叶间",用诗句把景物的内容表达出来,不仅使景物更富有美感,而且使文章增添了艺术氛围。

至于池沼,大多引用活水。有些园林池沼宽敞,就把池沼作为全园的中心,其他景物配合着布置。水面假如成河道模样,往往安排桥梁。假如安排两座以上的桥梁,那就一座一个样,决不雷同。池沼或河道的边沿很少砌齐整的石岸,总是高低屈曲任其自然。还在那儿布置几块玲珑的石头,或者种些花草:这也是为了取得从各个角度看都成一幅画的效果。池沼里养着金鱼或各色鲤鱼,夏秋季节荷花或睡莲开放,游览者看"鱼戏莲叶间",又是入画的一景。

苏州园林栽种和修剪树木也着眼在画意。高树与低树俯仰生姿。落叶树与常绿树相间，花时不同的多种花树相间，这就一年四季不感到寂寞。

围绕"画意"，作者先介绍花草树木的栽种。"俯仰生姿"一词，写出了俯下的高树枝与仰起的低树枝相互辉映的情景，既有动感，又有层次感。这是从空间角度着眼"画意"。不同品种的树木相间栽种，以便"一年四季不感到寂寞"，又从时间角度着眼"画意"。时间和空间并行。

没有修剪得像宝塔那样的松柏，没有阅兵式似的道旁树：因为依据中国画的审美观点看，这是不足取的。有几个园里有古老的藤萝，盘曲嶙峋的枝干就是一幅好画。开花的时候满眼的珠光宝气，使游览者感到无限的繁华和欢悦，可是没法说出来。

在苏州园林里"没有修剪得像宝塔那样的松柏"和"阅兵式似的道旁树"，因为它们人工的痕迹太重，不符合中国画的审美。这句的"没有……"和下一句的"有……"形成强烈的对比，突出了苏州园林在花木的修剪上取法自然、着眼画意的特点。这段文字尽显作者赞美之情，作者像导游一样娓娓道来，我们在读的时候不妨慢一点。作者整体上为读者呈现一种唯美的印象，让读者在阅读时也有愉悦之感。

游览苏州园林必然会注意到花墙和廊子。有墙壁隔着，有廊子界着，层次多了，景致就见得深了。可是墙壁上有砖砌的各式镂空图案，廊子大多是两边无所依傍的，实际是隔而不隔，界而未界，因而更增加了景致的深度。有几个园林还在适当的位置装上一面大镜子，层次就更多了，几乎可以说把整个园林翻了一番。

游览者必然也不会忽略另外一点，就是苏州园林在每一个角落都注意图画美。阶砌旁边栽几丛书带草。墙上

本段从远景近景的层次角度介绍了苏州园林的"图画美"。写花墙和廊子来具体说明苏州园林讲究近景远景的层次。"隔而未隔，界而未界"概括了苏州园林花墙和廊子的审美效果：尽管猛一看上去花墙和廊子把景致分开了，但因为墙壁是镂空的，廊子两边无所依傍，所以景致并没有真正隔开，而只是缓冲了一下视线，使得景物不是一览无余地呈现在游览者眼前，而是逐次展开，这样就使游览者在心理上感觉园林中景观众多、极有层次了。用语凝练而精准。

本段开头句即引出第七段至第九段的"补写"，分别"补写"园林每一个角落的图画美、门窗的图案美、屋内布置的色彩美。作者以阶砌旁边的书带草，墙上的爬山虎、蔷薇、木香，以及正对窗的墙壁下的竹子、芭蕉为例，让读者感受到，

蔓延着爬山虎或者蔷薇木香。如果开窗正对着白色墙壁，太单调了，给补上几竿竹子或几棵芭蕉。诸如此类，无非要游览者即使就极小范围的局部看，也能得到美的享受。

> 即使从苏州园林极小范围的局部看，游览者也能得到美的享受。一个"补"字说明了匠师们心思巧妙，善于使单调变为多彩。

　　苏州园林里的门和窗，图案设计和雕镂琢磨功夫都是工艺美术的上品。大致说来，那些门和窗尽量工细而决不庸俗，即使简朴而别具匠心。四扇，八扇，十二扇，综合起来看，谁都要赞叹这是高度的图案美。摄影家挺喜欢这些门和窗，他们斟酌着光和影，摄成称心满意的照片。

> 　　"尽量工细而决不庸俗，即使简朴而别具匠心"一句中，作者从反面对概念进行辨析："工细"过度就成了"庸俗"，"简朴"过度就成了"粗陋"。作者把"决不庸俗""别具匠心"两个短语与"工细""简朴"分别连接，中间使用表转折的"而"，非常简练准确地对苏州园林门窗"工细"与"简朴"的程度做了限定，可见作者对字词、语句的斟酌。从字里行间我们可以慢慢品出作者语言中对苏州园林的亲近感和认同感。画家和摄影家有相似之处，但他们对美的理解有各自的角度，却都能在苏州园林达到"称心满意"。

苏州园林与北京的园林不同，极少使用彩绘。梁和柱子以及门窗栏杆大多漆广漆，那是不刺眼的颜色。墙壁白色。有些室内墙壁下半截铺水磨方砖，淡灰色和白色对衬。屋瓦和檐漏一律淡灰色。这些颜色与草木的绿色配合，引起人们安静闲适的感觉。花开时节，更显得各种花明艳照眼。

北京园林的色彩大多是金黄或大红，色彩明丽，有强烈的视觉效果。而苏州园林建筑物色彩素雅，和大自然中花草树木的色彩相配合、相映衬，给人以安静闲适的感觉与美的享受。这种对细节处理的一丝不苟，也立足于整体的和谐的美的需要。联系前文，作者着眼于苏州园林的细部，从三个次要角度表现苏州园林的"图画美"：每一个角落的构图美，门窗的图案美、雕镂美，以及园内建筑的色彩美。而此处是对苏州园林总特征的再次强调。作者行文的思路是经过巧妙安排的。"图画美"作为线索贯穿全篇，联络各类景物的说明也条分缕析、层次分明，将园林的特点阐述得十分透彻，充分体现了文章结构上的呼应美、主次美，逻辑严密，结构严谨。

可以说的当然不止以上这些，这里不再多写了。

结尾虽只有一句话，但意义丰厚，留给读者回味的余地和想象的空间，其中蕴藏着作者对苏州园林的一份自豪之情，也进一步撩拨起读者对苏州园林的向往之心。此外，本文是叶圣陶先生为一本介绍苏州园林的摄影集写的序文，结尾这一句言外之意也可以是：关于苏州园林，如果想知道更多，那么请看这本摄影集吧。

　　阅读叶圣陶先生的《苏州园林》，无疑是一次美的体验。

　　首先，我们跟随作者鉴赏了苏州园林的美。我们穿梭于文字之间，徜徉于苏州园林的建筑、山水、花木、墙廊，惊奇于苏州园林在大处和细处都充满自然之趣和中国画美感的布置，也对这里所表现出的"美感的民族特点"有了一定的理解。文章短短篇幅一共用了13个"不字短语"，如："不该错过""决不容许有欠美伤美的败笔""没有一个不""决不讲究对称""决不会来一个同样的""决不雷同""一年四季不感到寂寞"等来突出苏州园林的完美以及无可替代。

　　其次，我们感受到了作者在介绍苏州园林特点时行文的结构美。文章先概括说明苏州园林总的特点，然后根据园林的组成部分，按照从主到次、从大到小的顺序分类说明。从一个段落总起，到多个段落分承，作者缜密的逻辑线条鲜明地将苏州园林的特色在一个中心的统领下，做到了妥帖合适的安排，让读者也"胸中有丘壑""脚下有园林"，虽未至园林，而园林尽在心底。阅读文章犹如游览园林一般，全得益于作者写作时能铺排布局，让园林井然有序、前呼后应地次第展开。

　　"图画美"这一总特征贯穿了全文始终，"美术画""从各个角度看都成一幅画""入画""着眼在画意""中国画""注意图画美""工艺美术的上品"等表达都与文首提出的苏州园林"图画美"的总特征加以照应。这样写体现了说明文"抓住特征来说明事物"这一核心特点。

再次，我们品味到了叶圣陶先生使用说明语言时的严谨、典雅之美。限制性词语的准确使用、近似概念的比较使用、反面对概念进行辨析等，这些都让说明语言更为严密，合乎实情，也让说明对象的特征更突出、更明了。叶圣陶先生是优秀的语言艺术家，一些描写性语句或诗句，让这篇文章在准确说明的同时又显得生动典雅，耐人寻味。

我们也可以想一想，题目为"苏州园林"，但是它具体指的到底是苏州哪一座园林呢？文中未提一个具体的园林，但是作者怎么会写得那样具体、优美、生动呢？这恐怕还得归功于作者对苏州园林的共性所做的具体而精确的概括。简而言之，就是共性中含着个性，读者可以从这共性中明明白白地领略到苏州园林的个性。掩卷而思，苏州各个园林的整体美和局部美都会映现在我们的眼前。

大自然的语言·自然现象背后的科学原理

作者◎竺可桢

解读者◎王玲

　　作为气象学家、地理学家，竺可桢以"大自然的语言"为题向大众介绍"物候学"的基本知识，文题新颖别致，行文引人入胜。语言是人们交流思想、传递信息的工具，那么，大自然怎么会有语言？会有怎样的语言呢？细读本文时，可以借助文中多样的修辞手法、简洁灵动的语言，随文逐层探究自然现象背后的科学原理，感受作者剥笋式由浅入深推进行文的匠心所在。

大自然的语言

从二十四节气之首的立春写起，联系标题，可知本文即将探讨的话题是有关自然规律的。立春过后，冰雪消融，草木渐渐葱茏，一派欣欣向荣的春景。春风过处，园中名卉，抑或田间野花，皆不会错过这温柔的花信，可知大自然从不厚此薄彼。

夏日渐近，燕子"翩然"归来，轻盈灵动，布谷鸟放声鸣唱，正是万物生命力最旺盛的时节，它们正努力为秋日丰收积蓄力量。

大自然是最懂审美的画师，随时光流转调色，远山近树，层林尽染，浅黄深红，直铺云际。离枝的叶子"簌簌"飘落，低吟着秋日的到来。芳草已云暮，秋雁又南回，蝉声亦渐歇，

立春过后，大地渐渐从沉睡中苏醒过来。冰雪融化，草木萌发，各种花次第开放。

再过两个月，燕子翩然归来。不久，布谷鸟也来了。于是转入炎热的夏季，这是植物孕育果实的时期。

到了秋天，果实成熟，植物的叶子渐渐变黄，在秋风中簌簌地落下来。北雁南飞，活跃在田

间草际的昆虫也都销声匿迹。到处呈现一片衰草连天的景象，准备迎接风雪载途的寒冬。

大自然用她独有的方式宣告着沉静的冬日正步履不停地到来。

在地球上温带和亚热带区域里，年年如是，周而复始。

四季轮回，时光流转。每个季节聚焦于典型场景，镜头快速切换，令读者仿佛在观看一部纪录片。而这样分明的四时之景，如此丰盈的岁月之声，只有在温带与亚热带方能感知。"年年如是，周而复始"的慨叹，更增加了历史感与厚重感。

几千年来，劳动人民注意了草木荣枯、候鸟去来等自然现象同气候的关系，据以安排农事。

如开头提及的节气一样，睿智的古代劳动人民深谙"道法自然"的深刻哲理，几千年来探索、归纳、顺应大自然节律变化。本句点明自然现象与气候之间的密切关系，而弄清这种关系对农业生产具有重要意义。

杏花开了，就好像大自然在传语要赶快耕地；桃花开了，又好像在暗示要赶快种谷子。布谷鸟开始唱歌，劳动人民懂得它在唱什么：

春日里不同花期、鸟儿鸣唱等现象都可以称之为"大自然的语言"，大自然以其特有的方式告知人们应该何时耕地、何时播种、何时收获。农谚"阿公阿婆，割麦插禾"，说的是智慧的劳动人民模仿布谷鸟的叫声，并赋予其叫声特殊的意义，以此指导"割麦插禾"等农事安排的准确节点。如这样般代代相传的农谚传承着丰收的密码，同时也守护着民族的生生不息。由此可见，大自然对人类是如此友好与慷慨，大自然的语言是多么亲切而熟悉。

"阿公阿婆，割麦插禾。"这样看来，花香鸟语，草长莺飞，都是大自然的语言。

有了上文一系列的具体自然现象的铺陈，我们对何为"大自然的语言"有了感性的认知。在此基础之上，作者自然而然地引出了"物候"这一概念。

这些自然现象，我国古代劳动人民称它为物候。

引出"物候"这一概念后，作者进一步强调物候方面的知识在我国起源很早，并且许多以农谚的形式口耳相传，流传至今。发展到近代，这种研究物候知识与农业生产之间关系的科学，就成了"物候学"。这里，作者顺理成章地引出"物候学"的概念。

物候知识在我国起源很早。古代流传下来的许多农谚就包含了丰富的物候知识。到了近代，利用物候知识来研究农业生产，已经发展为一门科学，就是物候学。

有了前面两段通俗易懂的解释作为铺垫，我们对"物候学"这一抽象概念就更容易理解了。接着文章继续诠释物候学研究的范畴，也就是"随着时节推移的气候变化和

物候学记录植物的生长荣枯，动物的养育往来，如桃花开、燕子来等自然

现象，从而了解随着时节推移的气候变化和这种变化对动植物的影响。

这种变化"对植物的生长荣枯与动物的迁徙繁衍的影响。

物候观测使用的是"活的仪器"，是活生生的生物。它比气象仪器复杂得多，灵敏得多。物候观测的数据反映气温、湿度等气候条件的综合，也反映气候条件对于生物的影响。

作者将"活生生的生物"比作"活的仪器"。一个"活"字揭示出这种"仪器"无尽的生命力。相对于无生命的人造仪器而言，这些"活生生的生物"有着更为复杂的机能，更灵活的应变能力，对于大自然语言的理解能力、适应能力更及时灵敏。因此，通过这种"活的仪器"观测而得来的数据，一方面能够帮助人们更加及时而准确地把握气温、湿度等气候条件的综合情况；另一方面，我们也可以通过这些数据来反观气候条件对生物的具体影响，以把握其规律。足见这"活的仪器"使用起来多么及时与高效。

应用在农事活动里，比较简便，容易掌握。物候对于农业的重要性就在这里。下面是一个例子。

因此，物候观测的方法应用在农业活动中就显得更加直观简便了。可见，物候对农业至关重要，有关物候学的研究对解决"民以食为天"这一亘古不变的关键课题有着无可取代的巨大价值。

以上的讲述或许还不够形象，这里作者列举了一个北京物候记录的例子：通过1960至1962这三年间北京的山桃、杏花、苹果、榆叶梅等植物花期的比较，推知在1962这一年花期推迟，因此可以大致判断：相应地，这一年的农业季节到来也应较晚。然而令人惋惜的是，那年春季初期播种花生等农作物的农民并没有关注到物候的延迟，还是按照惯性思维依据往年日期进行播种，最终受到低温的损害。这个惨痛教训不能说不深刻，有力地证明了有关物候学的研究和对物候知识的把握对于农业生产的重要性。

　　结合前文，作者引领着我们先了解"是什么"，然后分析了"为什么"，现在是时候解决"怎么做"的问题了。

　　北京的物候记录，1962年的山桃、杏花、苹果、榆叶梅、西府海棠、丁香、刺槐的花期比1961年迟十天左右，比1960年迟五六天。根据这些物候观测资料，可以判断北京地区1962年农业季节来得较晚。而那年春初种的花生等作物仍然是按照往年日期播种的，结果受到低温的损害。如果能注意到物候延迟，选择适宜的播种日期，这种损失就可能避免。

　　物候现象的来临决定于哪些因素呢？

首先是纬度。越往北桃花开得越迟，候鸟也来得越晚。

用"首先"这个词来引出"纬度"这个因素，道出了这个因素对物候现象的影响程度之大。各地区所处的纬度位置不同，是造成世界各地气温不同的主要原因。

值得指出的是物候现象南北差异的日数因季节的差别而不同。我国大陆性气候显著，冬冷夏热。冬季南北温度悬殊，夏季却相差不大。

物候现象受纬度影响的程度是固定的吗？做出科学判断可没那么简单，需要考虑得更全面。文章指出，季节不同，物候现象受纬度影响的程度也会不同。中国属于"大陆性气候"，冬天的时候，我国南北温度差异极大，但是到了夏季，中国南方和北方的温差就没那么大了。

在春天，早春跟晚春也不相同。如在早春三四月间，南京桃花要比北京早开二十天，但是到晚春五月初，南京刺槐开花只比北京早十天。

那么，是否只要在同一季节，物候现象受纬度影响的程度就是固定的呢？这里又以春天为例，作者把"早春"与"晚春"进行比较，可见处于春天的不同阶段，物候现象受纬度影响的程度也有差别。

所以在华北常感觉到春季短促，冬天结束，夏天就到了。

我国华北位于北温带，冬季温度很低，春季回暖速度较慢。但距离夏天越近，南北方的温差越小，所以总给人一种春天"来得晚，走得早"的感觉。

相同纬度条件下,如果经度不同,物候现象的来临也会呈现出不同的特点。这里比较了相同纬度条件下,近海比内陆的冬天更温和,春天反而更寒冷。所以沿海地区给人的感觉是,春天的来临总是比内陆晚几天。

为了让读者有更加形象的认知,作者连举了两个例子:一是纬度仅相差1度的大连与北京,在沿海的大连,连翘和榆叶梅的盛开都比内陆的北京要迟一个星期,可见尽管纬度大致相当,但沿海的大连春天比内陆的北京来得更晚一些;二是纬度"相差无几"的内陆城市济南与沿海城市烟台,"济南苹果开花在四月中或谷雨节",而"烟台要到立夏",也是因为烟台沿海,春天才姗姗来迟。连举了两个例子,更有力地印证了相同或相似纬度条件下,物候现象的来临还应当考虑"经度"这个第二因素的影响力。

在相同纬度、相同经度的条件下,哪怕处于地球上的同一个地点,海拔的高低也能影响物候现象的到

经度的差异是影响物候的第二个因素。凡是近海的地方,比同纬度的内陆,冬天温和,春天反而寒冷。所以沿海地区的春天的来临比内陆要迟若干天。

如大连纬度在北京以南约1°,但是在大连,连翘和榆叶梅的盛开都比北京要迟一个星期。又如济南苹果开花在四月中或谷雨节,烟台要到立夏。两地纬度相差无几,但烟台靠海,春天便来得迟了。

影响物候的第三个因素是高下的

差异。植物的抽青、开花等物候现象在春夏两季越往高处越迟，而到秋天乔木的落叶则越往高处越早。

不过研究这个因素要考虑到特殊的情况。例如秋冬之交，天气晴朗的空中，在一定高度上气温反比低处高。这叫逆温层。

由于冷空气比较重，在无风的夜晚，冷空气便向低处流。这种现象在山地秋冬两季，特别是这两季的早晨，极为显著，常会发现山脚有霜而山腰反无霜。在华南丘陵区

来。一般来说，海拔越高，气温越低。为了让我们有更形象的感知，作者再次用"举例子"的方法来说明这一点。

通过"不过"一词，话锋一转：还有些特殊情况也应该考虑进去。事实上，科学研究就应该秉持这种严谨求真的态度。这里的特殊情况指的是"逆温层"。"逆温层"是指在某些情况下，高度与温度的关系并不遵循前面所提的"一般来说，海拔越高，气温越低"的规律。比如秋冬之交，天气晴朗的空中，高处的气温反而比低处还要高。

那么，是什么原因造就了如此特殊的"逆温层"呢？这种现象会发生在何时何地呢？文章进一步给出答案。为了佐证这一点，作者又给出了两个具体形象的例子：大家都爬过山吧，当你爬山之时，"常会发现山脚有霜而山腰反无霜"，也就是说，海拔低的山脚反而比海拔高的山腰气温更低，这就是"逆温层"；而"华南丘陵区把热带作物引种在山腰很成功，在山脚反不

适宜"，换句话说，在华南丘陵区海拔高的山腰气温比海拔低的山脚更高，所以热带农作物更加适应，这也是"逆温层"的效应。

把热带作物引种在山腰很成功，在山脚反不适宜，就是这个道理。

此外，物候现象来临的迟早还有古今的差异。根据英国南部物候的一种长期记录，拿1741到1750年十年平均的春初七种乔木抽青和开花日期同1921到1930年十年的平均值相比较，可以看出后者比前者早九天。就是说，春天提前九天。

哪怕"纬度""经度""高下的差异"这三个因素完全相同，物候现象的到来还可能受到"古今差异"的影响，进一步说明古今的差异也是影响物候的因素之一。那么，为什么还会受到"古今的差异"这一因素的影响呢？这里文中并没有答案。真正的答案还等待着我们进一步探究，这个探索未知的旅程一定也是惊喜满满吧。

物候学这门科学接近生物学中的生态学和气象学中的农业气象学。

这里作者再次回到文章之初提到的概念，对"物候学"这门科学的研究范畴进行了界定，接近"生物学中的生态学"和"气象学中的农业气象学"，看来，物候学真是一门综合性极高、应用性极强的学科啊！

物候学的研究首先是为了预报农时，选择播种日期。此外还有多方面的意义。物候资料对于安排农作物区划，确定造林和采集树木种子的日期，很有参考价值，还可以利用来引种植物到物候条件相同的地区，也可以利用来避免或减轻害虫的侵害。

既然研究难度很高，那么研究"物候学"有何用途和价值呢？作者在这一段给出了答案。按照刚才的方法，我们一下就能关注到"首先""此外""还""也"这样的关联词，因此，研究"物候学"的价值在于：一是为了预报农时，选择播种日期；二是便于安排农作物区划，确定造林和采集树木种子的日期；三是用来引种植物到物候条件相同的地区；四是避免或减轻害虫的侵害。这四方面的价值也是按从主到次的逻辑顺序来展开的，思路非常严谨。

我国有很大面积的山区土地可以耕种，而山区的气候、土壤对农作物的适应情况，有很多地方还有待调查。为了便利山区的农业发展，开展山区物候观测是必要的。

我国地形有其自身的特点，在广袤的祖国大地上，有面积广大的山区土地可以用来耕种。但山区的气候、土壤等条件对农作物的适应情况非常复杂，需要开展山区物候观测来进行精细研究。在这里进行"物候学"研究，其研究成果将大大促进我们国家山区的农业发展。可见，在我国进行"物候学"研究意义何其重大。

结尾再次强调了物候学对农业丰产的重大作用，并且向年轻一代科学家提出了希望：进一步加强物候观测，读懂"大自然的语言"。只有这样，才能争取农业更大的丰收。

物候学是关系到农业丰产的科学，我们要进一步加强物候观测，懂得大自然的语言，争取农业更大的丰收。

本文是根据我国著名的气象学家、地理学家竺可桢于1963年在《科学大众》上发表的《一门丰产的科学——物候学》一文改写而成，是一篇介绍"物候学"的科学小品文。文中通俗生动地介绍了物候学及其研究的对象，阐述了物候现象来临的有关因素以及研究物候学的意义，说明了物候学的特性与本质。全文语言浅显确切、简洁生动，层次清楚，条理明晰，因而通俗易懂。

文章题为"大自然的语言"，人类有语言，大自然也有其独特的语言。从标题开始，作者就以形象的比喻吸引读者探究自然现象背后的科学原理。物候学研究的许多自然现象与人类的生活息息相关，因此作者在介绍这门学科时，先从人们所熟知的自然现象开始，循序渐进地提出科学概念，代入感极强。接着结合实例，对其中原理娓娓道来。

文章运用气象、地理、生物、农学等方面的知识，列举众多事例展现物候学的研究对象和基本方法，将这门学科的特点介绍得清晰明白。全文分为四部分，按照逻辑顺序来安排材料。第一部分首先描述了春夏秋冬四季更迭的现象；接着以具体现象为例，说明"什么是大自然的语言"；再从古至今，从起源到发展，引出什么是物候和物候学。第二部分以具体事例说明物候观测对农业的重要性。第三部分由设问句引出说明影响物候来临的四个因素：纬度、经度、高下差异和古今差异。四个因素按照影响程度由大到小的顺序排列，前三个因素和第四个因素按照空间到时间安排，条理清晰，由主到次。第四部分说明研究物候学的意义。作者用"首先""对于""还""也"这些提示词，按由主到次的逻辑顺序，介绍物候学对于农业生产的重要意义。全文条理清晰，语言生动准确，可以称之为科学性与文学性融合的典范。

大雁归来·对自然生命真挚的热爱

作者◎利奥波德

解读者◎胡芸蕾

　　"八月初一雁门开，鸿雁南飞带霜来。"对于能告知人们春去秋来的大雁，人们不吝于赞美。它们的坚持不懈、勇往直前、团结协作等美好品质，在《大雁归来》中我们能够感受到；结合奥尔多·利奥波德在《沙乡年鉴》中反映的生态和道德之间的内部关系，我们会有更深刻的体会。作者的侧重点不在于介绍知识，而在于抒发情怀，我们可以从这个角度入手，尝试理解作者所说的"整个大陆所获得的是从3月的天空洒下来的一首有益无损的带着野性的诗歌"，细细体味这一科普小品与描写议论完美结合的艺术作品。

大雁归来
对自然生命真挚的热爱

"大雁"就是鸿雁，是一种秋寒南征、春暖北返的候鸟。在中国古代诗词中，鸿雁具有丰富的美学意蕴。鸿雁是随阳之鸟，鸿雁南翔，是对寒冷的抗争，是对光明与温暖的追求和向往。"归"赋予了大雁人类的行为，寄予了作者丰富的情感。"冲破"这一强有力的动作，抹去了冬天最后的印记；接着一个"就"字，告诉我们春天到来了。大雁是春天真正的使者。

作者在这里做了两次假设，让我们明白主红雀和花鼠的出现并不一定能代表春天的到来，它们可能会弄错。不过如果弄错了时间，它们还有转圜的余地，可以继续静静地等待。这里用主红雀和花鼠对春天气候反应的不稳定性反衬大雁对春天感应的准确性。

一只燕子的来临说明不了春天，但当一群大雁冲破了3月暖流的雾霭时，春天就来到了。

如果一只主红雀对着暖流歌唱起春天来，却发现自己搞错了，它还可以纠正自己的错误，继续保持它在冬季的缄默；如果一只花鼠想出来晒太阳，却遇到了一阵暴风雪，也可以再回去睡觉；

而一只定期迁徙的大雁，下定了在黑夜飞行200英里的赌注，它一旦起程再要撤回去就不那么容易了。

"而"表明了大雁的不同，定期迁徙的它们必须慎重地选择归来的时机。大雁下定了"赌注"，而"赌"是要承担风险的，一旦大雁决定北归，便没有回头路。大雁对于春天的判断必须是精准的，因为它们的归途是艰辛的。

向我们农场宣告新的季节来临的大雁知道很多事情，其中包括威斯康星的法规。

在作者眼中，是大雁带给我们季节变更的信息，大雁是使者，是朋友。经过长期的条件反射，大雁知道春季是休战期，冬季则布满猎枪，是什么样的经历让它们能如此熟悉人类的法规呢？它们究竟与人类进行了多少次的博弈才有如此认知呢？

11月份南飞的鸟群，目空一切地从我们的头上高高飞过，即使发现了它们所喜欢的沙滩和沼泽，也几乎是一声不响。

"目空一切"是贬词褒用，大雁们飞过时不可阻挡、高傲的气势可见一斑。"一声不响"写出了大雁南飞时的专注和执着，它们没有嬉闹，而是非常严肃地对待这件事，可见当时为了躲避猎枪，雁群的状态是谨慎的，甚至是紧张的。

乌鸦通常被认为是笔直飞行的，但与

通过乌鸦和大雁飞行路线的比较，说明大雁南飞路线笔直又有明确的目的。作者用"坚定不移"来形容笔直南飞的大雁，可见作者眼中的大雁不同一般，它们具有和人一样的意志。作者语气中带着欣赏，同时也隐隐地表达出对大雁为了躲避人类射杀而不得不如此坚定不移地南飞感到担忧。

坚定不移地向南飞行20英里直达最近的大湖的大雁相比，它的飞行也就成了曲线。

这里写大雁到达目的地后，不再担心猎人的枪口。作者的心情似乎也放松下来。"时而"一词仿佛是作者正注视着自由自在飞行的大雁；"闲荡"一词既描写出大雁的状态，也表现出作者松了一口气的心态。我们能从这些词中读出作者对大雁的关切与喜爱之情。

大雁到了目的地，时而在宽阔的水面上闲荡，时而跑到刚刚收割的玉米地里捡食玉米粒。大雁知道，从黎明到夜幕降临，在每个沼泽地和池塘边，都有瞄准它们的猎枪。

3月的大雁是不同的。不同之一：不像冬天那样危险。不同之二：飞行路线是弯曲的。3月的狩猎季结束了，大雁的飞行路线也从笔直变成了拐来拐去。在这里作者意在强调大雁归来的飞行路线是曲折的，而弯曲的路线也可以看出季节给大雁生活带来的变化——放松且自在的3月让大雁们有了更多"玩乐"

3月的大雁则不同。尽管它们在冬天的大部分时间里都可能受到枪击，但现在却是休战时刻。它们顺着弯曲的河流拐来拐去，穿过现在已经没有猎枪的狩狩点和小洲，向每个沙滩低语着，如同向久别的朋友低语一样。它们低低地在沼泽和草地上空曲折地穿行着，向每个刚刚融化的水洼和池塘问好。

的时光。从"低语""问好"这些词语中我们可以读出此时大雁的状态很放松；从"顺着""穿过"这些词语中可见北归大雁飞行轻盈，充满了活力。这样的闲情逸致在大雁看来是不可多得的，它们似乎要充分地享受这样的美好时光，不放过每一个路过的水洼和池塘。

在我们的沼泽上空做了几次试探性的盘旋之后，它们白色的尾部朝着远方的山丘，终于慢慢扇动着黑色的翅膀，静静地向池塘滑翔下来。

不同之三：不像秋天那样安静、一往无前，而是试探地盘旋、慢慢地静静地滑翔。"远方的山丘"与"扇动着黑色的翅膀"就像一幅动静结合的水墨画，作者由远及近将视觉慢慢聚焦到这一只大雁身上，把大雁美好静谧的情态刻画得入木三分。

一触到水，我们刚到的客人就会叫起来，似乎它们溅起的水花能抖掉那脆弱的香蒲身上的冬天。

在作者的笔下，归来的大雁能让香蒲乃至万物摆脱冬日的严寒，大地从此迎来春天，欣欣向荣，生机勃勃。

"我们"并不多余，表明喜爱大雁的不是作者一人，而是有很多像他一样的人。此外，这样一种拉近距离的修饰词让读者感觉作者已经将大雁当成自己家庭中的一员，亲昵之情跃然纸上。

我们的大雁又回来了。

这里可以看到第一群北归的大雁，迫不及待地召唤它们的同伴，这些"先行者"已经感受到初春大地的美好，希望同伴尽快加入自己的队伍，一同享受美好的春日时光，同时也体现了大雁欣喜的情绪。

第一群大雁一旦来到这里，它们便向每一群迁徙的雁群喧嚷着发出邀请。

有大雁的春天是充满活力的。把停留的大雁的数量作为衡量农场的春天是否富足的标准，反映了作者对大雁的喜爱之情，这种油然而生的自豪感让我们看到了作者对富足标准的思考是非常深刻的——树与动物的和谐与丰富是最珍贵的财富。

不消几天，沼泽地里到处都可以看到它们。在我们的农场，可以根据两个数字来衡量春天的富足：所种的松树和停留的大雁。

作为生态学家的作者在研究大雁归来的过程中采用了科学的观察方法，观察非常仔细。这种观察并非一时一日，而是需要长时间不断积累。从这句话中我们感受到了作者严谨的治学态度。

1946年4月11日，我们记录下来的大雁是642只。

与秋天一样，我们的春雁每天都要去玉米地做一次旅行，但绝不是偷偷摸摸进行的。从早到晚，它们一群一群地喧闹着往收割后的玉米地飞去。每次出发之前，都有一场高声而有趣的辩论，而每次返回之前的争论则更为响亮。

句中北归大雁的举动与秋天南飞的大雁截然不同，它们用不着"偷偷摸摸"，也不必"试探"，因为大雁知道狩猎季一过便不再有危险，所以"从早到晚，它们一群一群地喧闹着往收割后的玉米地飞去"。作者听到和观察到的是响亮的声音，是有趣的交流，是热闹的盛会。从这些词语中，我们能读出大雁兴奋的心情。

返回的雁群，不再在沼泽上空做试探性的盘旋，而像凋零的枫叶一样，摇晃着从空中落下来，并向下面欢呼的鸟儿们伸出双脚。

这个比喻生动形象地写出了大雁从空中落下来时悠闲飘逸的姿态。作者笔下的这些鸟儿绝不仅仅是动物，它们是富有感情的生命。

那接着而来的低语，是它们在论述食物

"低语"被赋予了意义——它们在讨论非常重要的食物的价值，可以想象一下，它们是不是在研究这些食物的滋味呢？是不是在感叹自己的好运呢？——自己可是在乌鸦、棉尾兔、田鼠以及环颈雉的眼皮子底下发现了这些珍贵的食物啊！作者将小幸运灌入大雁的"低语"中，让我们由此深切地体会到春归的大雁觅食前后活泼欢快的心情。

的价值。它们现在所吃的玉米粒在整个冬天都被厚厚的积雪覆盖着，所以才未被那些在雪中搜寻玉米的乌鸦、棉尾兔、田鼠以及环颈雉所发现。

作者为什么要称呼孤雁为"伤心的单身"呢？他通过观察发现所有孤雁的共性，最后得出了结论。雁群最大的特点是以家庭为单位。介绍孤雁的孤寂和忧郁，从侧面反映了作者对枪杀大雁者的愤恨。"伤心"一词带有明显的感情色彩，从中我们可以感受到作者对孤雁的同情，作者内心也是充满忧伤的。

通过对春雁集会的日常程序的观察，人们注意到，所有的孤雁都有一种共性：它们的飞行和鸣叫很频繁，而且声调忧郁。于是人们就得出结论：这些孤雁是伤心的单身。

在六年的时光里，作者和他的学生夜以继日地观察和研究，终于在对孤雁问题的解释上取得了成果。可以想象，他们每每昂起头细数着飞驰而过的大雁时会遇到多少的困

我和我的学生注意到每支雁队组成的数字。六年之后，在对孤雁的

解释上，出现了一束不曾预料的希望之光。

难，但作者并未提到其中任何的艰难困苦，在寥寥数笔的研究介绍后，就彻底沉浸在"希望之光"来临的喜悦中了。

从数字分析中发现，六只或以六的倍数组成的雁队，要比偶尔出现一只，多得多。换句话说，雁群是一些家庭，或者说是一些家庭的聚合体，而那些孤雁正好大致符合我们先前所提出来的那种想象，它们是丧失了亲人的幸存者。

想象是基于观察，结论又是基于观察后的记录，作者的结论都是基于科学的研判。对科学的热爱及严谨的研究态度正是这类作品的吸引人之处。"丧失了亲人"透露出对大雁深深的同情，而"幸存者"隐含了对孤雁劫后余生的怜惜。大雁也有家庭，也有亲情，还有不少人类所不及的品性。

单调枯燥的数字竟能如此进一步激发爱鸟者的感伤。

作者为孤雁而感伤，为它们失去亲人而哀痛，字里行间也流露出对枪伤大雁者的反感乃至愤恨。

在4月的夜间，当天气暖和得可以

第一阶段集会开始前，沼泽地里是静悄悄的，作者也是静静地待在屋外，用耳朵"观察"大雁。他发现有很长一段时间都是静悄悄的，仅有的声音是其他鸟类发出的零星声响。作者能清晰辨认出这些声音是哪些动物发出的，足以反衬出沼泽的安静。写这些声音也是为下文写大雁热闹喧哗的声音作铺垫，同时起到了衬托的作用，突出了大雁鸣叫的特点。

第二阶段大雁来了，"突然"一词写出宁静被打破，随之传来的有雁叫声，有回声，有翅膀的拍打声，有蹼划动水面的声音，有其他大雁的呼叫声，所有这些声音混杂在一起，让沼泽地顿时热闹起来。它们争先恐后地鸣叫着，仿佛经过一个冬天，有太多故事需要讲述，有太多的感慨需要抒发。从这样的叫声中我们可以感受到大雁内心的激荡和他们情感的热烈。

第三阶段"一个深沉的声音算是最后发言，喧闹声也渐渐低沉下

待在屋外时，我们喜欢倾听大雁在沼泽中集会时的鸣叫。在那儿，有很长一段时间都是静悄悄的，人们听到的只是沙锥鸟扇动翅膀的声音，远处的一只猫头鹰的叫声，或者是某只多情的美洲半蹼鹬从鼻子里发出的咯咯声。

然后，突然间，刺耳的雁叫声出现了，并且带着一阵急促的混乱的回声。有翅膀在水上的拍打声，有蹼的划动而发出来的声音，还有观战者们激烈的辩论所发出的呼叫声。随后，一个深沉的声音算是最后发

名篇悦读·激活语文学习力 自然篇

言，喧闹声也渐渐低沉下去，只能听到一些模糊的稀疏的谈论。

去"，而此时夜空下依然有"一些模糊的稀疏的谈论"。可见大雁们意犹未尽，激动的心情难以平复。同样也表现了大雁的聪明和社会性。

等到白头翁花盛开的时候，我们的大雁集会也就逐渐少下来。在5月来到之时，我们的沼泽便再次成为弥漫着青草气息的地方，那些红翅黑鹂和黑脸田鸡更给它增添生气。

这一段落主要介绍了大雁的日常生活。将此处的"我们"和上文中"我们的大雁"这类特殊称呼的语句联系起来思考，我们就会发现，在作者的心中，无论是"大雁"还是"沼泽"都和人一样，是值得去关注和珍爱的。作者热爱并尊重这片土地上的一切！

1943年的开罗会议上人们发现，各国之间的联合是不可预期的。然而，大雁的这种联合观念已经有很长时间了。每年3月，它们都要用自己的生

1943年的开罗会议是第二次世界大战期间，在埃及开罗举行的国际会议，主要商讨了联合对日作战的计划以及一些战后问题。人们发现各国之间的联合是不可预期的，而大雁则不同。将人类的行为与大雁对比，表明大雁是联合的"先驱"，它们具有人类所缺乏的联合观念。"联合"在它们的心中深深扎根：只有联合才能让它们飞跃险地，只有联合才能让它们保住性命，只有

联合才能让它们创造美好的生活。此处表现了作者对大雁的赞扬、钦佩和崇敬之情。

命来为实现这个基本的信念做赌注。

本段从时间之久和空间范围之广两个角度说明了大雁联合的神奇。四组"从……到……"写出了大雁国际性的迁徙，在广阔的人类居住的范围内，大雁吹起了联合的号角。而与此同时，人类依然在为各自的利益争执不休，这样想来，大雁真是比人类更懂得联合的意义。从这里我们可以感受到大雁的联合不仅给它们自己带来安全和幸福，还给人类带来了福祉。

自更新世以来，每年3月，从中国海到西伯利亚，从幼发拉底河到伏尔加河，从尼罗河到摩尔曼斯克，从林肯郡到斯匹次卑尔根群岛，大雁都要吹起联合的号角。

大雁有规律地迁徙解释了一些地理学上的问题。正因为大雁联合的国际性迁徙，种子才会被带到他乡，美好的一切才会在世界各地传播。

因为有了这种国际性的大雁迁徙活动，伊利诺斯的玉米粒才得以穿过云层，被带到北极的冻土带。

3月大雁的归来，是完成其自身生命历程的一个不可或缺的部分，这是自然的，不像人类那样为文明所规训，因此是"带着野性的"；

在这种每年一度的迁徙中，整个大陆所获得的是从3月的天空洒下来的一首有益无损的带着野性的诗歌。

在这种自然的过程中又可以发掘出深刻的精神内涵，人类可以从大雁身上学到很多东西，它们美好的情感能够感染我们，它们高尚的品质能够鼓舞我们。大雁是多么普通却又高贵的生命啊，它的存在在作者笔下是充满诗意的。

本文是一篇生物学"观察手记"，记录了大雁在每年三四月间北归的过程。文章虽短，却介绍了不少关于大雁北归的知识，如大雁归来的时间、地点等。我们看到，大雁的一举一动、喜怒哀乐都牵动着作者的心。在观察大雁时，作者一方面是理性的学者，另一方面又饱含着感情，他将理性与感情都融入这篇笔记里。作者深厚的情感是本文除了时间线索之外的另一条线索。可以说，"爱"字贯穿了全文。利奥波德把大雁看作与自己同样的生命，他怀着喜爱、欣赏的心情观察大雁的种种活动，观察大雁的遭遇，内心对大雁经历的一切感同身受。所以，在阅读的同时，我们也应去体会作者细腻生动的描写与激情洋溢的抒情、议论。

浓郁的抒情色彩是本文的一大特色。作者对他观察和记录的对象（包括大雁在内的各种生命）怀有深挚的热爱；作者始终以拟人化的手法描写大雁，他看大雁时仿佛就在看一个人——一个具有高贵灵魂与品格的人。作者对大雁的迁徙飞翔的过程由衷钦佩，同时也为大雁担惊受怕，为孤雁的不幸而悲伤哀痛，更为大雁归来而欣喜欢乐；作者对大雁的一切生命活动，从觅食到鸣叫，无不由衷喜爱，或直抒胸臆，或含蓄抒情。由此可见，作者是一位"爱鸟者"，也是一位热爱自然、热爱生命的人。同时，作者对于人类也有反思，他从大雁身上看到人的精神品格，他认为要尊重这个自然共同体中的成员。

现代化固然为人类带来了前所未有的便利，但是自然界也因其无与伦比的美给人类带来了无限乐趣。作者笔下的大雁将我们带回自然，让我们体会到了自然的可爱。《大雁归来》为我们演奏了一首田园名曲，在让我们向往的同时也引起我们深思：为了维持人类认为的"高质量"生活，是否能够以牺牲自然，牺牲拥有野性、无拘无束的动物为代价呢？反观现实，我们已然"囚居"于钢筋水泥中而不自知，我们似乎想从自然中得到灵感，但我们却经常在不经意间毁坏了我们的"灵感女神"。生活已经简化到只剩下我们自己，这样的孤独是我们想要的吗？一切淳朴、自然、美好的东西已渐渐离我们远去，可我们又经常乞求那些美好能像大雁一样每年南飞后又能北归。若我们继续热衷于工业化社会的便捷与快速，不懂得如何可持续地与我们的自然共同发展，那么，断送这样美好愿望的很有可能就是我们自己。在阅读这篇作品后，你难道不想与动物为伴，回归这美好、博爱又令人敬畏的大自然吗？

壶口瀑布·磅礴的气势，刚强的精神

作者◎梁衡

解读者◎张芳

文学批评家林非先生认为，梁衡的散文不但能"捕捉住自然或人文景观令人神往的妙处，升华出优美的意境与深邃的哲理"，还能够从中"表达出人的心灵、意志和力量"。《壶口瀑布》这篇文章描写了作者两次在壶口瀑布看到的景象，描绘了一个刚柔并济、多姿多彩的壶口瀑布，抒发了作者的人生感悟。作者不仅赞美了壶口瀑布，更赞美了黄河的精神，而黄河的精神也恰恰是中华民族的精神。读这篇文章，要注意作者对语言的锤炼，其在文章中使用比喻、排比、拟人等多种修辞手法，使文章生动、传神，为读者呈现出一个气势磅礴的黄河形象，以及其中蕴含的刚强精神。

壶口瀑布

磅礴的气势，刚强的精神

开篇交代壶口瀑布所处地理位置和"我"游览壶口的次数，引出下文写"我"两次游览壶口的内容。

壶口在晋陕两省的边境上，我曾两次到过那里。

用"告诫"而不是"提醒"或"建议"，显示语气的庄重。从告诫的内容看，原来是关乎性命的事，侧面表现壶口瀑布之险。雨季的壶口是否真有如此骇人的气势？我们不禁想追随作者的"脚步"前往，一探究竟。

第一次是雨季，临出发时有人告诫："这个时节看壶口最危险，千万不要到河滩里去，赶巧上游下雨，一个洪峰下来，根本来不及上岸。"

未见其形先闻其声，这"先声夺人"的气势让人未到已闻之生畏。黄河入"壶口"处，湍流急下，激起的水雾腾空而起，蒸云接天，似从水底冒出的滚滚浓烟，十数里外可望。"正沸着的水"写出黄河水由高处跌落，水势浩大，水浪上下翻滚的凶猛景象，突出壶口瀑布的惊心动魄和磅礴气势。

果然，车还在半山腰就听见涛声隐隐如雷，河谷里雾气弥漫，我们大着胆子下到滩里，那河就像一锅正沸着的水。

壶口瀑布不是从高处落下，让人们仰观垂空的水幕，而是由平地向更低的沟里跌去，人们只能俯视被急急吸去的水流。其时，正是雨季，那沟已被灌得浪沫横溢，但上面的水还是一股劲地冲进去，冲进去……

壶口瀑布与其他高山瀑布最大的不同——不是从高处落下，让人仰观，而是由平地向更低的沟里跌去，只能俯视。"跌""吸""灌""冲"突出河水汹涌澎湃之势。"急急""一股劲"急速的程度不断递进，展现出水势的不可遏制、不可阻挡。"冲进去"的反复，体现了沟里的水势大和急的特点，如果去掉一个"冲进去"，这种气势就体现不出来了。省略号的使用，写出河水持续不断向下冲去，让人有一种推挤、湍急之感。

我在雾中想寻找想象中的飞瀑，但水浸沟岸，雾罩乱石，除了扑面而来的水汽，震耳欲聋的涛声，什么也看不见，什么也听不见，只有一个可怕的警觉：仿佛突然就要出现一个洪峰将我们吞没。

"水浸沟岸，雾罩乱石"与上一句的"浪沫横溢"，展现了急速俯冲而下的瀑布，因水量多、水势大而在天地间造成的震撼效果，画面感十足，让人惊心动魄。"什么也看不见，什么也听不见"既是视觉和听觉上的实写，也侧面体现了声势浩大的瀑布给作者带来的心灵上的冲击，也暗示此次到访必将留有遗憾，为第二次到访作铺垫。

作者之前的"大着胆子"到此时的"匆匆逃离"前后行为的变化，侧面体现了雨季壶口瀑布让人望而生畏的特点。省略号的使用更给人无穷的想象。略写雨季的壶口，为后文重点写枯水季的壶口作铺垫，也给读者留下了悬念。

"专选"表示作者特意选在枯水季节，并非随性而为，势必要弥补第一次的遗憾。如此选择，作者究竟想要探寻些什么呢？

"从从容容下到沟底"与第一次的"大着胆子下到滩里"形成对比。这时的黄河是相对平静的，与雨季的黄河大不同。不同于第一次的匆忙、紧张、害怕，这一次作者有足够的时间和空间探索壶口瀑布。

"河心"交待了作者第二次探访的观察点。河中有河，突出"奇"的特点。作者第二次游览专选黄河枯水季节，因此得以近距离观察，

于是，只急慌慌地扫了几眼，我便匆匆逃离，到了岸上回望那团白烟，心还在不住地跳……

第二次我专选了个枯水季节。

春寒刚过，山还未青，谷底显得异常开阔。我们从从容容地下到沟底，这时的黄河像是一张极大的石床，上面铺了一层软软的细沙，踏上去坚实而又松软。

我一直走到河心，原来河心还有一条河，是突然凹下去的一条深沟，当地

人叫"龙槽"，槽头入水处深不可测，这便是"壶口"。

> 俯视龙槽，发现了"壶口"所在，揭晓壶口得名的原因。

我依在一块大石头上向上游看去，这龙槽顶着宽宽的河面，正好形成一个"丁"字。

> 仰观河面，看瀑布的源头。"顶"这一动词，生动形象又准确地呈现了龙槽和河面的"丁"字形的地理位置关系。

河水从五百米宽的河道上排排涌来，其势如千军万马，互相挤着、撞着，推推搡搡，前呼后拥，撞向石壁，排排黄浪霎时碎成堆堆白雪。

> "五百米"交代了瀑布的宽度，突出瀑布之"巨"。"千军万马"写出了河水来势汹汹、气势磅礴的特点。"挤着、撞着"突出波浪不仅"数量"多，而且"密度"大，"推推搡搡"是横向的动态，"前呼后拥"是纵向的动态，这样把"撞"的情态写得细致而生动。整句话有长句，有短句，错落有致，音韵和谐，富有韵律之美。

山是青冷的灰，天是寂寂的蓝，宇宙间仿佛只有这水的存在。当河水正这般畅畅快快地驰骋

> 仰观河面，浊浪奔涌，突出"雄"的特点。"还来不及""便一齐""跌"，强调了河水急坠的突然，作者的心态也不再"从从容容"。仿佛作者也是这滔滔河水，在推推搡搡之中，猝不及防地跌了下去，心忍不住收

紧。三个"更"字与前文相呼应，分别从动作、声音、横向宽度、纵向速度等方面描绘河水急坠的状态。短句节奏快，写出了黄河水极速奔流的样子，表现了作者内心的震撼之感，读来心情不由得与之一起紧张激动。

引用当地人讲的黑毛猪掉入沟底毛被拔光的事，侧面体现了壶口瀑布水势的迅疾。作者的心理感受和第一次"可怕的警觉"有相似之处，但第一次感受偏重"可怕"，这次偏重"震撼"。作者对壶口瀑布的认识逐渐深入。

此处作者更详细地描写了黄河水在壶口处由于地势的突变而水流急剧变化的情景。作者连续使用五个"跌"字，突出强调了瀑布飞流直下的动态；连续使用三个"碎"字，强化了瀑布流水的力度。这种动词的重复使用，形成了独特的音节效果。两个"被"字显示出，由于地形的变化，山石压迫着水，使水不得不发生改变。由此可见，黄

着时，突然脚下出现一条四十多米宽的深沟，它们还来不及想一下，便一齐跌了进去，更闹，更挤，更急。

沟底飞转着一个个漩涡，当地人说，曾有一头黑猪掉进去，再漂上来时，浑身的毛竟被拔得一根不剩。我听了不觉打了一个寒噤。

黄河在这里由宽而窄，由高到低，只见那平坦如席的大水像是被一个无形的大洞吸着，顿然拢成一束，向龙槽里隆隆冲去，先跌在石上，翻个身再跌下去，三跌，

四跌，一川大水硬是这样被跌得粉碎，碎成点，碎成雾。

河在冲过壶口时，受挟，受压，历经磨难。

从沟底升起一道彩虹，横跨龙槽，穿过雾霭，消失在远山青色的背景中。

作者的视线随着水雾由下而上，直抵青山。"碎成的雾"在阳光的照射下化为一道彩虹，从跌落的沟底升起，从束缚压迫她的山石间破茧重生。作者看到"沟底升起的彩虹"，节奏突然放缓，正是彩虹的美丽舒缓了水流湍急惹来的"寒噤"。

当然这么窄的壶口一时容不下这么多的水，于是洪流便向两边涌去，沿着龙槽的边沿轰然而下，平平的，大大的，浑厚庄重如一卷飞毯从空抖落。

视角转为平视龙槽两边，接下来细写龙槽附近不同形态的水。将瀑布比作从空抖落的飞毯，形象地写出瀑布平而大、有力度、有气势的特点。

不，简直如一卷钢板出轧，的确有那种凝重，那种猛烈。

"钢板出轧"生动形象地表现了瀑布的质感和倾泻速度之快，显得凝重而猛烈。"不"字产生了跌宕起伏、逐层递进的效果。作者既要强调瀑布的形状，更要突出其气势、力度，所以喻体的质地由软到硬，正是为了突出壶口瀑布的内在力量。

"夺路而走""乘隙而进""折返迂回"，描写黄河水在遇到山石不同的阻碍时，选择不同的方法突破困境，以及其艰难前行的动作和情态。用人的动作写水的流淌方式，让水一下子就带上了情感，让人联想到遭遇困难、阻碍时的艰难选择及心态。三个短句，三个叠词，分别写出泉、溪、漩涡三种细小的水形态柔美，与前面宏大的"钢板出轧"似的水相映成趣。或钻石觅缝，或淌过石板，或被夹在石间，即使历经种种磨难，环境险恶，哪怕寸步难行，仍想方设法以各种形态冲破阻碍，勇往直前，这也是中华民族处于困境时百折不挠、自强不息精神的体现。

"如丝如缕"写出水的细小、柔软。两个比喻句，前一个从声音角度来写，后一个从色彩角度来写。从美学的角度来看，前文的"奇""雄""险"属于阳刚、崇高之美，细写龙槽附近形态丰富多样的河水，写水雾和彩虹，则呈现出多姿多彩的美。

这是作者在观赏了河水在壶口前的种种形态后发出的感叹。黄河水的不屈服、与山石不懈抗争的过程，先是像"交响乐"般慷慨激昂，

尽管这样，壶口还是不能尽收这一川黄浪，于是又有一些各自夺路而走的，乘隙而进的，折返迂回的，它们在龙槽两边的滩壁上散开来，或钻石觅缝，汩汩如泉；或淌过石板，潺潺成溪；或被夹在石间，哀哀打旋。

还有那顺壁挂下的，亮晶晶的如丝如缕……而这一切都隐在湿漉漉的水雾中，罩在七色彩虹中，像一曲交响乐，一幅写意画。

我突然陷入沉思，眼前这个小小的壶口，怎么一下子集

纳了海、河、瀑、泉、雾所有水的形态，兼容了喜、怒、哀、怨、愁——人的各种感情。

后又像"写意画"般意境优美深远，足以洗涤人的心灵，让作者的心情渐趋平缓但却不能平静，转而"陷入沉思"。作者巧妙地把水的多样与人的多情联系起来，文章的意蕴也顿时丰富起来。

造物者难道是要在这壶口中浓缩一个世界吗？

作者进而又自设一问，毋庸作答，哲理意味油然而生。

看罢水，我再细观脚下的石。这些如钢似铁的顽物竟被水凿得窟窟窍窍，如蜂窝杂陈，更有一些地方被旋出一个个光溜溜的大坑，而整个龙槽就是这样被水齐齐地切下去，切出一道深沟。

壶口瀑布是水和石共同造就的，上文所写的壶口瀑布奇景是由于石对水的束缚形成的，这里借石的形态展现河水的力量。这样就改变了前面描写河水在石壁的阻遏挤压下"各自流淌"的所有可能带来的片面印象，将文章的境界提升，也为后面写黄河"博大宽厚，柔中有刚"的个性奠定了景物描写的基础。"凿"出来的是一个个的洞或坑，"旋"出来的是整齐的圆形，"切"字写出龙槽落差之大、整齐地一分为二的特点，"竟""更"表达出对这种力量的无限感慨和叹服。

人常以柔情比水，但至柔至和的水一旦被压迫竟会这样怒

这是作者对黄河个性的解读，用写人的语言来诠释黄河的个性，准确生动，易于理解。前文称水一直用的是"它们"，这里改称为"她"，是因为作者由中华民族的

母亲河——黄河联想到中华民族，由壶口瀑布的特点联想到中华民族的抗争精神。对壶口瀑布称呼的变化体现了作者追寻、思索与发现的过程。作者探寻壶口瀑布的特点，实则是在探寻中华民族的精神。

黄河水化"被动"为"主动"，怒不可遏地给山石留下了深刻印记，甚至还改动了壶口的位置。《元和郡县图志》中有对壶口的叙述，把它称为石槽。

第一个"硬"字写出了水的抗争力量之大，表达出作者对这种力量的无限感慨和叹服。"剁"字准确传神地刻画出了黄河与命运抗争的坚强意志和不懈努力，表达了作者对黄河的赞叹之情。

作者的思考有两个层次：第一，黄河的个性是柔中带刚的，蕴蓄着无尽的力量，所以才能穿凿巨石，改变地貌；第二，未经磨难不成材，黄河的个性也是在巨石的逼迫、抵拒下铸就的，甚至可以说"未过壶口不成河"。这两层思考让文章富有理性色彩，有了深度和质感。整齐的句式郑重庄严地表达了作者对中华民族历经艰难仍宁折不弯、勇往直前精神的赞美之情。

不可遏。原来这柔和之中只有宽厚绝无软弱，当她忍耐到一定程度时就会以力相较，奋力抗争。

据《元和郡县图志》中所载，当年壶口的位置还在这下游一千五百米处。

你看，日夜不止，这柔和的水硬将铁硬的石寸寸地剁去。

黄河博大宽厚，柔中有刚；挟而不服，压而不弯；不平则呼，遇强则抗；死地必生，勇往直前。

正像一个人，经了许多磨难便有了自己的个性；黄河被两岸的山、地下的石逼得忽上忽下、忽左忽右时，也就铸成了自己伟大的性格。

未经磨难，不能"成河"，也不能"成人"。"石约束水，水激荡石"，二者共同造就了自然界中壮美、磅礴的壶口瀑布。"水与石搏击"过程中的艰难与困苦，和人与磨难作斗争一样，同样都在斗争过程中形成自己的个性。从黄河是中华民族的母亲河这一角度合理联想，"水与石的搏击"也象征着中华民族前进过程中与遇到的各种磨难和不幸作斗争，中华民族在这搏击的过程中，形成了百折不挠、自强不息的民族精神！

这伟大只在冲过壶口的一刹那才闪现出来被我们看见。

1986年6月

作者恍然大悟，有感而发。对于黄河流水而言，壶口是她所经历的最为艰难和痛苦的时刻。黄河水在"日夜不止"的磨炼中得以冲破这至暗时刻，缔造"伟大"，这就是"平凡"和"伟大"的关系。在近代史上，中华民族遭受外来侵略，也曾经历民族的至暗时刻。但中华民族百折不挠，挟而不服，压而不弯，坚挺地走了过来。作者通过对壶口瀑布的探寻和描写，不仅仅是在凸显黄河雄壮不屈的性格，也要赞扬其中蕴含的一往无前、坚韧不拔的民族精神。

《壶口瀑布》一文的作者两次游览壶口瀑布，第一次是在雨季，第二次是在枯水季节。文中对雨季丰水期声势最为浩大的壶口瀑布只是几笔带过，重点写的是第二次枯水期的壶口，可谓别出心裁，也为后文的写景和情思的抒发提供了一个独特的空间。

　　在简略描写雨季的壶口瀑布时，作者采用常见的站在河岸上俯视的视角，虽然能感受到黄河的气势，但这种感受是模糊的、疏远的，甚至是"可怕的"。作者的"匆匆离去"，实际上也是对这一视角的扬弃。文章的主体部分是对枯水季的壶口瀑布的描写，采用定点换景的写法，立足点是"河心"，先写水，后写石，视角反复转换。作者先俯视龙槽，明"壶口"之来历；再仰观河面，看巨瀑之源头；然后视线随河水由上至下，"跌入"龙槽，继而又随水雾由下而上，直抵青山；接下来平视龙槽两边，细写千姿百态的河水；最后，视角转换，收回脚下，描写长年被黄河冲刷侵蚀的河底巨石。

　　随着视角的变换，作者笔下景物的意境也有所不同。俯视龙槽，河中有河，重在"奇"；仰观河面，浊浪奔涌，"宇宙间仿佛只有这水的存在"，重在"雄"；看河水冲跌而下，碎为水雾，重在"险"。以上三重境界，从美学角度来看都属于阳刚、崇高一类。接下来细写龙槽附近的河水，这里的水不仅形态丰富多样，还映着七色彩虹，"像一曲交响乐，一幅写意画"，呈现出多姿多彩的美。最后给巨石一个特写，景物由"多样"返归"单一"，巨石"静"的形态蕴含着河水"动"的力量，有一种震撼人心的美。

梁衡说，散文的美有三个层次：一是描写美，二是意境美，三是哲理美。作者在客观描写和主观发挥的基础上提炼出一种思想，一种哲理，而哲理又是能为人人所共同接受的，是主客观兼有的美。作者生动地描写壶口瀑布，凸显出黄河博大、宽厚雄壮之美，营造出"交响乐""写意画"般的意境美，又融思于水，带领读者联想到人的个性，联想到中华民族百折不挠、一往无前、坚韧刚强的民族精神。

季羡林先生在对梁衡的评价中说道："梁衡的作品，无论思想内容还是艺术表现都非同寻常……梁衡是一个肯动脑，很刻苦，又满怀忧国之情的人。他到我这里来聊天，无论谈历史，谈现实，最后都离不开对国家、民族的忧心。难得他总能将这一种政治抱负化作美好的文学意境。"这段评价也向我们解释了为什么梁衡先生在第一次感受到壶口瀑布的壮美之后又第二次到访壶口瀑布，为什么作者要探寻的不仅仅是美景和意境，还有景中的思想哲理，面对黄河水、壶口瀑布为什么会联想到民族精神，因为他是一个始终心念祖国的散文家。这篇哲理性散文不仅美在描写，美在意境，美在哲理，还美在作者的爱国情怀。

作者◎马丽华

解读者◎李然

在长江源头各拉丹冬·对大自然的敬畏与赞美

游记散文的记游性决定了游踪在文章中的基础作用和线索作用，所以，读这一类散文，首先可以通过有关时间推移、地点转换的语句，梳理作者的游踪。在细读本文时，我们可以借助游踪，关注作者对所见景物风貌的描写，关注语句中喻体的选择和变化，读懂作者所见背后的所感。同时也要抓住文章的暗线，借助暗线细读作者在病体之下，由眼前之景产生的想象，从而读透作者写作背后的情思。

在长江源头各拉丹冬

对大自然的敬畏与赞美

句中的电影是人文纪录片《万里藏北》。作者马丽华与西藏结缘可以追溯到1976年，入藏工作后的二三十年间长期在《西藏文学》编辑部从事编辑工作，向我们展示了西藏这片神秘、独特的土地。而此次，作者担任这部电影的编剧，在摄制过程中，更加深刻地认识了解了藏北的自然与人文。

此次拍摄的对象是各拉丹冬，从标题可知，这里是长江的发源地。高峰之上，消融的冰雪汇成涓涓细流，出千峡，纳万川，汇聚成滚滚长江，养育了一代又一代中华儿女。从向导口中可知，西北阴坡和东南阳坡景色各异，这为后文作者探寻各拉丹冬作了铺垫，也吸引着我们想要跟随作者一起探寻各拉丹冬。

1987年3月上旬，我随电影摄制组走向各拉丹冬，就近安营扎寨。

寒冷季节里汽车可以驶过冰河，直接进到山脚冰塔林中。熟悉地貌的向导布擦达讲，各拉丹冬有阴阳二坡，西北阴坡尽是冰雪，景色单调，东南阳坡才好看。

的确，阳光使这位身披白色披风的巨人变化多端：融雪处裸露出大山黧黑的骨骼，有如刀削一般，棱角与层次毕现，富有雕塑感。

此时，作者已经从奔驰的汽车中远远看到了身披白色披风的巨人——各拉丹冬。巨人这一喻体，既写出了雪山长年白雪皑皑的特点，也写出了它的高峻、雄伟，同时给人一种严肃、威严、不可靠近之感。这是一个怎样的巨人呢？融雪处的黑色山体在作者看来，是大山黧黑的骨骼，有如刀削一般，富有雕塑感，苍劲有力、威严挺拔。

近些年来，骤然掀起一股长江考察热，一拨又一拨中外勇士在此迈开了认识长江的第一步。短短几年里，先后有十多位探险者壮烈献身于这项人类事业。

也许是这种巨人般的高大神秘感，吸引着一批又一批的探索者。但各拉丹冬险恶的自然环境，把无数探索者拒之门外，作者和摄制组也遭遇到了严峻的考验。

季节上的隆冬将尽，但严寒还将在此驻防三两个月。远不是秋高气爽时节的明媚，这一个风云变幻的季节里，

距离各拉丹冬越来越近了，在云遮雾障变幻莫测的气息下，形如金字塔的各拉丹冬主峰一现尊容。"金字塔"这一喻体的使用，既写出了各拉丹冬雪山主峰的形状，高耸挺拔，又给人威严神圣的感觉。"尊容"意思是高贵的容貌，特指佛像、神像，这里暗含着将各拉丹冬主峰视为神像的意思。从巨人到金字塔到神像，喻体的变化，由形入神，

作者的感受也在发生微妙的变化。她眼中的各拉丹冬从一开始就是有生命的：巨人传递出的是一种伟力，金字塔具有一种神秘和威严感，而神像也蕴含了一种庄严感。在作者眼中，这里是一方圣地，不由得让人心生敬畏。

气势磅礴的密云来去匆匆，形如金字塔的各拉丹冬主峰难得在云遮雾障中一现尊容。

可能是因为环境的恶劣，作者一行没有继续驱车前行，而是选择在各拉丹冬以东几公里处的平坦草地上安营扎寨，略作调整。此时，在海拔将近六千米的高度，他们还未欣赏雪山壮美景象，身体先遭受了环境打击：连力大如牛的本地师傅安托，都出现了气喘吁吁等不适现象，作者自己便更不在话下了。气候的恶劣、高山缺氧带来的痛苦可见一斑。

在各拉丹冬以东几公里处有牛粪可捡的草坝子上，我们搭起牛毛帐篷。安托师傅他们从崖底冰河里背回大冰块，我们喝上了长江源头的水。海拔接近六千米，力大如牛的安托师傅做起活儿来也不免气喘吁吁。他说自己是海拔低些的聂荣县人，所以不很适应。我就更不在话下了。

作者承受着高原缺氧带来的痛苦：手背冻疮、肩颈疼痛、高烧、食欲不振。作者一一罗列种种不良

此刻倒霉迹象接踵而至，频频小震颤

酿着某一两次大地震：手背生起冻疮，肩背脖颈疼痛得不敢活动，连夜高烧，不思饮食……活动时只能以极轻极慢的动作进行，犹如霹雳舞的"太空步"。

的身体状况，足见她剧烈的高原反应。在这样"大煞风景"的身体状况下，似乎不应该有心情去赏景了。"频频小震""一两次大地震"这些喻体，是以调侃的方式描写了自己剧烈的高原反应，戏谑语言的背后，是作者对雪山美景的敬畏和对壮美景色的向往。

　　这样的身体状况真是大煞风景。但愿它不要影响我的心态，各拉丹冬值得你历尽艰辛去走上一遭。

　　这样的矛盾心理，值得我们细细推敲，历经艰辛，尝遍万苦也要走上一遭的各拉丹冬究竟有着怎样的魔力呢？

我们把车停在冰河上，踏进这块鲜有人迹的冰雪世界，在坚冰丛莽间的一个砾石堆上竖起三脚架。我双手合十，面向各拉丹冬威严的雪峰行了跪拜大

　　作者一行来到了人迹罕至的冰河，在这片洁白而神秘的冰雪世界里，作者"双手合十"，虔诚"跪拜"各拉丹冬。这些动作的背后，是作者内心情感的真实写照：各拉丹冬是神圣的，是庄严的，需要带着"敬畏"之情走近它。此时，作者再次变换喻体——"男性神"，这一喻体更给人一种高大、挺拔、庄重、威严、不可靠近之感。行文至此，

作者眼中看到的各拉丹冬雪山变化多端、难显尊容，看似漫不经心的简笔勾勒，实则捕捉到了雪山的神韵，即这些雪山冰河极易引发人们的崇拜和敬畏。这些主观的感受，也为后文作者的想象与描写作铺垫。

作者眼中的各拉丹冬不仅是有生命的，更像人一般有着自己的性格：它不喜欢恭顺，面对人们的恳求，无动于衷，多么的桀骜不驯；但是，它又多么的审时度势，面对导演的诅咒，欣然露出笑脸。就这样，作者越来越走近这座雄壮的雪山。

精诚所至，天公作美，作者来到著名的长江奇观之一——冰塔林，从名字不难看出，这是一片冰的世界。站在砾石堆上向四面张望冰塔林的全景，"晶莹连绵的冰峰、平坦辽阔的冰河"，再现了冰塔林质地的晶莹剔透，冰峰的绵延不绝，冰河在大地上的无限延展。

礼，虔诚又愚蠢——各拉丹冬是男性神，据说这方圣地并不欢迎女人，不久它便让我领教了一番。

它还不喜欢人们过于恭顺，在等待云散天晴的日子里，面对大家的恳求它不为所动；等到导演用粗话诅咒的那一天，它可就在蔚蓝的天幕下十分情愿地露了面。

这里便是著名的长江奇观之一的冰塔林。从砾石堆上四面张望，晶莹连绵的冰峰、平坦辽阔的冰河历历在目。

杰巴、安托、开大车的大胡子师傅，头戴狐皮帽，身裹羊皮袍，肩扛比人身还长的大冰凌，蠕动在巨大的冰谷里，一列小小身影。远方白色金字塔的各拉丹冬统领着冰雪劲旅，天地间浩浩苍苍。

冰谷里蠕动的同伴，只留下小小的一列身影，在浩茫辽阔的冰的世界里，人是多么渺小啊！而各拉丹冬则如王者一般，"统领"晶莹连绵的"冰雪劲旅"。"统领"一词运用了拟人的修辞手法，写出了各拉丹冬作为唐古拉山脉最高雪山群的王者气势。而晶莹连绵的雪山如同一支冰雪劲旅，充满了力量感。"浩浩苍苍"则强调了这幅画面的广阔辽远。天地间一派苍茫，何等的气势非凡！

这一派奇美令人眩晕，造物主在这里尽情卖弄着它的无所不能的创造力。

眼前的景象，让作者"眩晕"，感觉到自己或周围的东西都在旋转，奇美的景象目不暇接，怎会不让人眩晕？这种奇美景象只可能源于造物主之手，大自然毫无保留、淋漓尽致地创造着独一无二的各拉丹冬，作者的惊叹之情溢于言表。

慢慢从砾石堆上走下来，慢慢沿冰河接近冰山。

作者不忍错过任何美景：慢慢走，从砾石堆上走下来；慢慢走，沿着冰河接近冰山。

这一壁冰山像屏风，精雕细刻着各种图案。图案形态随意性很强，难说像什么。

近观冰山，近处平滑的冰山外壁像精美的屏风，屏风上图案形态随意性很强，难以用语言描摹。大自然的鬼斧神工，让作者一时词穷。

从冰洞进入，近观冰山，仿佛渔人进入桃花源，高耸屹立如同建筑的冰体映入眼帘，冰的庄园、冰的院落鳞次栉比，自成天地的建筑群井然有序，眼前所见超乎寻常山。

大自然的鬼斧神工，世外桃源般的冰塔林，谁不想永久保存这奇美景象？写"我"用新近装备的柯尼卡拍彩照的情况，从侧面表现了冰塔林的巍峨耸峙、规模宏大。为了拍到雪山全貌，必须退出很远，但冰雪极滑，就在后退拍照的间隙，作者猝不及防地重重跌倒：尾椎骨折断！对于身体状况本就糟糕的作者而言，更是雪上加霜。"娇贵而无用"颇耐人寻味，一则说明身体在大自然面前太过脆弱，二则暗示肉体的伤痛仿佛是自己探寻美景的累赘。这从侧面表明了探险过程充满艰辛，表现了探险者坚强不屈的意志和勇往直前的精神，为下文写"我"无力返回作铺垫。

从狭小的冰洞里爬过去，豁然又一番天地。整座冰塔林就由许多冰的庄园冰的院落组成，自成一天地。

我用新近装备的柯尼卡拍彩照，使用标准镜头受限，没同时配起变焦镜头使我后悔了一辈子——拍一座完整的冰山，要退出很远。正是在后退的当儿，脚下一滑，分外利落地一屁股坐在冰河上，裂骨之痛随之袭来。这一跤，使我在后来的旅行中备受折磨。回那曲拍了片才知道，娇贵而无用的尾椎骨已经折断，连带腰椎也错了位。

往下的情景多少有些凄凉。此地海拔已经超过六千米。头痛，恶心，双脚绵软，呼吸困难——典型的缺氧反应，外加新伤剧痛。索性哪儿都不去了，一个人蜷卧在最近的这座冰山脚下。

眼看着兴致极高的伙伴们，大口喘着气，扛着摄影器材，翻过一面冰墙，不见了。

说不见又出现了一个，老远喊我："都到这地方了，不到处转一转，多亏呀！"他从冰墙那边翻过来，到小

此时的海拔更高了，环境也更加恶劣了，经历了高原缺氧和新伤剧痛后，作者索性哪里也不去，一个人蜷卧在最近的这座冰山脚下。"蜷卧"的意思是身躯紧缩蜷曲卧倒在地面，这个动作一方面映射作者此时的身体状况糟糕至极，另一方面也是作者心理的写照，既然哪里也不能去，就和冰山融为一体，感受冰山的肌肤和心跳。

和"我"的极度痛苦形成鲜明对比，伙伴们兴高采烈，纵使高原空气稀薄，需要大口呼吸，也不停下探索的脚步，还要扛着摄影器材，在迷人的冰山探寻、留念。各拉丹冬的庄严神秘吸引着一批批的探险者，能到此处一睹真容、一探究竟，着实是一种幸运。

蜷卧冰山脚下，看到的是时隐时现的同伴，听到的是同伴的呼喊。"说不见又出现了一个"，可以看出同伴们目睹眼前景象，兴奋不已，跑来跑去欣赏美景、拍照记录。"都到这里了，不到处转一转，多亏呀"的言外之意是这里的景色是独一无

二的，能够亲眼所见是一种荣幸。同伴的兴致和呼喊，一次次勾起作者爬起来的斗志。

在伟大而恒久的大自然面前，人的痛苦哀号是多么的微不足道啊！

"冰窟"远比想象的要温暖，严酷的环境竟有了一丝温情，作者疲惫疼痛的身体在这种温暖中得到了一点抚慰，她的心灵也慢慢放松下来。当她只能蜷卧在最近的冰山脚下时，在活动空间和视线都受到限制的情况下，她尝试着打开心灵去认识、感受真正的各拉丹冬。

细腻的想象随之而来，作者由耳边听到的狂风呼啸，眼前看到的雪粒飞扬，想象大自然漫长的历史和永恒的运动，将对风的思考引向时间纵深处。而"仿佛"一词就成了由空间转向时间的标志，作者不仅从空间维度观察风，还从时间维度思考风，带有一种超越眼前景物的诗意美。

车里取盛放胶片的箱子。为节省体力，就在冰面上推。

"我要死了。"我少气无力地说，声音空空荡荡，随即散失在冰原上。

置身于冰窟，远比想象的要温暖，穿着件腈纶棉衣，外罩一件皮夹克，居然感觉不到冷。

风一刻不停地呼啸，辨不清它何来何往，仿佛自地球形成以来它就在这里川流不息，把冰河上的雪粒纷纷扬扬地扫荡着，又纷纷扬扬地洒落在河滩上、冰缝里。

名篇悦读·激活语文学习力 自然篇

渐渐地冰河已光滑难行。从北京来的摄影师大吴，负责拍一本有关于藏北的大型画册，具有国际先进水平的照相器材就装在一个很考究的箱子里，唯恐摔坏了，便推着箱子在冰面上爬行。他用奇怪的"鱼眼"为我拍了一张反转片，一部分精神和生命就寄存在这变了形的仙境中了。

作者和她眼前诗意美的景象，被摄影师大吴用"鱼眼"相机捕捉到一部分，这种相机拍摄的画面弯曲变形，有夸张的透视感。但恰恰是这张照片，保存了冰窟中的绝美仙境，保存了冰窟中异乎寻常的温暖，保存了超越时间和空间的想象。

是琼瑶仙境，静穆的晶莹和洁白。

这片琼瑶仙境寄存在照片中，也寄存在作者心中。这是一片晶莹、洁白的仙境，纯净、透明得没有一丝杂色，没有一点儿杂质。望着它们，作者耳中没有寒风呼啸，眼前没有雪粒纷飞，有的只是内心的一片晶莹和洁白。

永恒的阳光和风的刻刀，千万年来漫不经心地切割着，雕凿着，缓慢而从不懈怠。

千万年来，阳光和风如工匠老人，拿着刻刀漫不经心地雕琢每一块冰体。在这漫长时间的打磨下，冰体被雕琢成无与伦比的绝美景象。这一刻，时间仿佛静止了，作者的内心在想象、在追溯，追溯每块冰体背后时间的脚印。

作者近距离欣赏这冰的庄园、冰的院落，通过短句对冰体形状进行细数列举，巨大连绵的冰体，被大自然的鬼斧神工雕铸成了天然的建筑，各具特色。作者目力所及是千姿百态的冰体，内心则是惊讶、赞美、敬畏。"挺拔的，敦实的，奇形怪状的，蜿蜒而立的"，运用短句，富有节奏感，具有音韵之美。"徐徐垂挂冰的流苏，像长发披肩"，又赋予这些静态的建筑柔美的动感，为各拉丹冬的壮美增添了柔情。

冰体一点一点地改变了形态，变成自然力所能刻画成的最漂亮的这番模样：挺拔的，敦实的，奇形怪状的，蜿蜒而立的。那些冰塔、冰柱、冰洞、冰廊、冰壁上徐徐垂挂冰的流苏，像长发披肩。小小的我便蜷卧在这巨人之发下。

大自然千百年塑造的工艺品，引起了作者深深的思考。作者细细端详每一根冰凌、每一根冰柱，这冰的世界似乎有了自己的生命。作者不去详写冰山裂纹和褶皱的形状，而是把褶皱想象成树的年轮，想象冰山冰川背后的故事，静止的冰塔林演绎着生命的律动。

太阳偶一露面，这冰世界便熠熠烁烁，光彩夺目。端详着冰山上纵横的裂纹，环绕冰山的波状皱褶，想象着在漫长的时光里，冰川的前进和后退，冰山的高低消长，这波纹是否就是年轮。

第二天，仍随大部队进入冰塔林。

时间流转，来到了第二天，"仍"字写出了作者依然没有放弃对这片土地的探索。从前文可知，此时作者尾椎骨折、腰椎错位，为什么她还要忍受常人无法忍受的伤痛再次进入冰塔林呢？是因为前一天在冰窟中获得的心灵体验太丰富、太美妙，她忍不住想要再次去触摸，再次去感受。

在滑极了的冰河上一点点挪动，时而也需爬行——人们越发有经验了，在有坡度的地方，就翻身滚将起来——终于过了冰河，我便半卧在砾石滩上仔细寻找起来，看有没有贝壳、植物之类化石，或者古人类生活过的痕迹，可是很遗憾，没有。

"挪动""爬行"形象地写出了"我们"进入冰塔林的过程之艰难。作者不仅收获了丰富的心灵体验，也收获了丰富的冰上行走经验，可是体力衰竭不支，只能半卧在砾石滩上。此时，她开始仔细寻找贝壳、化石等在遥远时空中大自然创造生命的证据，为自己的想象搜寻凭据，可惜没有找到。

而我似乎已经衰竭，心想碰巧哪一口气上不来，就长眠于此吧。

作者说"就长眠于此吧"，语气舒缓，就像是找到了生命的归宿，有一种释然和平静。

再入各拉丹冬，作者的身体已经衰弱到无法独自从砾石滩上返回，而是被摄制组的同伴开车接回的。

见我再也没有力气返回了，杰巴他们开着车过来，接我过这一段冰河。

然而令人诧异的是，作者不甘心在车里闷坐，又挣扎着去那座冰河中间的砾石堆。不甘心、挣扎，是因为她感受到来自各拉丹冬无法抗拒的吸引力。

拍电影的那一伙不知又发现了什么新大陆，久久不回来。不甘心在车里闷坐，又挣扎着去那座冰河中间的砾石堆。

这一次，她听到了各拉丹冬坚冰之下的流水声。坚冰之下，水声潺潺，不断地流淌向前。作者此刻听到的汩汩水声，不正是雪山心脏跳动的声音吗？不正是雪山血液流动的声音吗？这水声从这里流向无限的远方，去滋养无穷的土地与生命，演绎出无数可歌可泣的长江故事。在这些时空交织的语句中，我们感受到了永恒的大自然，它创造了环境，创造了动植物，创造了人类，进而创造了文明。

过午的太阳强烈，冰面疏松多了，有流水漫溢出来。此刻除了风声，还有一种声音轻易便可辨别出来。那是坚冰之下的流水之声，它一刻不停，从这千山之巅、万水之源的藏北高原流出，开始演绎长江的故事。

不见自然生物痕迹，但今天的确有人活在各拉丹冬的近旁。

的确，各拉丹冬气候环境恶劣，并不适合自然生物生活。"但"表转折，虽然不见自然生物的痕迹，但还是有人在近旁活动。这些人既指作者和摄制组的人员历尽艰辛，还在不断探索；也包括第一段提到的在长江考察热中一波又一波的勇士；还可能指那些生活在各拉丹冬近旁的人们。这些都体现了面对困境，人的积极坚强、乐观探索的精神，点出了人的伟大。但这种伟大只是人类怀揣敬畏之情地活在近旁，并不是人类要征服自然，因为大自然远比人类自身更久远，更深邃。

　　游记散文，写所至是表象，写所见是目的，写所感是根本。换句话说，就是在写景中融入作者自己的人生感悟和价值观，表达自己特别的人生见解和社会认知，给读者以启迪和感悟。所以，马丽华在《藏北游历》后记中写道："而藏北之于我，也绝非一个牧区的地名，一个地理概念，一群生活在那里的人，应该是一种意识和境界。"作者也是带着这样的一种情怀走进了各拉丹冬。

　　本文采用的是移步换景的写法，记录自己的所见所感：在营地远眺各拉丹冬，看到它金字塔般高俊、雄伟、变化莫测；在砾石堆上四顾，看到冰峰的晶莹、冰河的辽阔和整个冰雪天地的浩茫；靠近冰山，欣赏难以名状的各种图案；进入冰塔林，特别是身处冰窟，细看千姿百态的冰体和冰山的裂纹褶皱，有着"静穆的晶莹和洁白"，有如"琼瑶仙境"，在阳光下"熠熠烁烁，光彩夺目"……作者笔下的景物各有特点，共同营造出一种雄伟、圣洁、瑰奇的境界，突出表现了各拉丹冬地区的原始风景给人带来的精神震撼和心灵触动，令读者心驰神往。与其说作者叙写的是实际的探险、拍摄、观景行程，还不如说她在记录自己的心路历程，因为"环绕深山是精神的旅行"。

整个探索的过程，作者的身体每况愈下，甚至哀叹"我要死了"。从某种意义上说，作者的身体状况构成了本文潜在的一条线索。但是，恰恰是糟糕的身体状况，使作者的理解越来越细致，让作者观景时的想象更加丰富和更有诗意：远观冰峰冰河，感叹造物主鬼斧神工的创作力；由眼前的景物联想到寒风的永恒；听到汨汨水声，想象长江源头演绎出的故事……全面地理解这个地球的"第三极"。

反复述说身体的痛苦，既是对苦难的正视，也是表达敬畏的一种方式，因为"大自然并不因也不为谁的存在而存在，即便没有人类，它依然万古长存。大自然无一遗漏地包容了一切，当然包括微不足道的人类，也包括更加微不足道的个人命运"。所以，伟大的人类，对生养了自己的自然，对远比自身更久远、更深邃的自然，所持的仍应是敬畏的态度。

名篇悦读·激活语文学习力 自然篇

一滴水经过丽江·自然与古城和谐依存的美好

作者◎阿来

解读者◎刘冰洁

　　《一滴水经过丽江》是阿来应邀写的一篇游记。在阅读游记时，我们不仅要梳理作者的行踪，看看作者写了哪些景物，这些景物又有什么特点，更要体会作者在描绘这些景物时背后的情感。这篇文章比较特殊，文中的"我"并不是作者，而是一滴水，我们在跟随这滴水的视角领略丽江之美的同时，也不能忽略这滴水本身。我们要思考：作者为何选择以一滴水作为叙述主体？这样写有何好处？作者想借此表达什么？多思考，我们才能真正读懂作者的写作意图。

一滴水经过丽江

自然与古城和谐依存的美好

丽江之美离不开水，而丽江水的源头就是玉龙雪山上的冰川，玉龙雪山滋养了纳西民族，是纳西族人精神的寄托。文章以第一人称的视角展开，但"我"在文中是一片落在玉龙雪山顶上的雪，通篇拟人。一片雪花落下是无人能察觉的，"轻盈"二字赋予了这一瞬无尽的想象，这片雪花就仿佛是在这轻盈的一落间发生了灵性的觉醒。雪山之巅精灵似的雪花，拥有的该是最澄澈的灵魂吧。

我是一片雪，轻盈地落在了玉龙雪山顶上。

雪花在漫长的岁月里渐渐凝结成冰，这一漫长的变化过程被描绘成了沉睡，充满诗意。经过漫长的岁月，这片从天上飘然而至的雪花已经成为玉龙雪山冰川的一部分了，其中隐含着一种身份与情感的归属。"我"与更多的冰挤在一起，将冰川缓缓融化的过程赋予动态与力量感，这一过程缓慢却坚定地推进着。

有一天，我醒来，发现自己变成了坚硬的冰，和更多的冰挤在一起，缓缓向下流动。在许多年的沉睡里，我变成了玉龙雪山冰川的一部分。

我望见了山下绿色的盆地——丽江坝，望见了森林、田野和村庄。张望的时候，我被阳光融化成了一滴水。我想起来，自己的前生，在从高空的雾气化为一片雪，又凝成一粒冰之前，也是一滴水。

水雾成雪，雪冻成冰，冰融成水，自然界的水汽循环，这是亘古不变的自然规律，这一滴水就承载着这样神圣的自然规律。这滴水来自玉龙雪山之巅，以俯视的视角为读者展现了丽江的景色。"张望"一词既表现出这滴水的俏皮可爱，又表现出这滴水对于山下景色的好奇与向往，这滴水拥有着人的情感。

是的，我又化成了一滴水，和瀑布里另外的水大声喧哗着扑向山下。在高山上，我们沉默了那么久，终于可以敞开喉咙大声喧哗。

"喧哗"从声音的角度写出了瀑布从山上奔流而下的声响，又表现出了这些从山上倾流而下的水的欢快。它们还是坚冰时，在冷冽的山巅沉睡，如今冲破桎梏化作了自由流动的水，便要张扬肆意地歌颂这份自由。它们敞开喉咙喧哗，我们的心情也仿佛随着这些水滴飞扬起来，极富感染力。

一路上，经过了许多高大挺拔的树，名叫松与杉。还有

跟随着这滴水的行踪，前路的画卷渐渐展开。这里既是在介绍水流经之地，也以水的视角呈现了眼

前所见，经过的松树杉树是高大挺拔的，花是种类繁多茂盛绽放的。除了美丽的自然景象，这滴水还流经了马帮来往的驿道，流经纳西族的村庄，通过纳西族人的诉说把我们引向了丽江坝。特色风情的马帮，古老民族的吟唱为前路增添了独特的民族风情，也巧妙地承接了画面的转换。

更多的树开满鲜花，叫作杜鹃，叫作山茶。经过马帮来往的驿道，经过纳西族村庄里的人们，他们都在说：丽江坝，丽江坝，那真是一个山间美丽的大盆地。

视觉不断向前延伸，更多的画面纷至沓来，一座正在建设的城市在视线尽头出现，此时的丽江古城尚未建成，而这滴水却见证了这一切，未来的美丽邂逅在此处巧妙铺垫。

从玉龙雪山脚下，一直向南，铺展开去。视线尽头，几座小山前，人们正在建筑一座城。村庄里的木匠与石匠，正往那里出发。

这段文字以补叙的方式，交代了这座建设中的城后来发生的事，通过这一滴水讲述自己后来所知道的事，充满意趣地介绍了丽江古城的历史。这滴水曾经所见的那座城

后来我知道，视野尽头的那些山叫作象山、狮子山，更远一点，叫作笔架山。后来，我知道，那时是明代，纳西

族的首领木氏家族率领百姓筑起了名扬世界的四方街。四方街筑成后，一个名叫徐霞客的远游人来了，把玉龙雪山写进了书里，把丽江古城写进了书里，让它们的名字四处流传。

在纳西族人的建设下名扬四方。当饱览名山大川的行者徐霞客来到此地时，当他站在丽江古城眺望玉龙雪山时，一定也被这瑰丽的雪山与雪山环抱下的古城涤荡了心灵，挥笔将此地的美景描摹。

我已经奔流到了丽江坝放牧着牛羊的草甸上，我也要去四方街。

这滴水继续向前奔流。河道本身有其固有的路线，而在作者笔下这滴水仿佛有自己的主观意志，通过它的内心独白我们可以感受到它被四方街的美名吸引，所以它定要流向四方街去看一看。

但是，眼前一黑，我就和很多水一起，跌落到地底下去了。丽江人把高山溪流跌落到地下的地方叫作落水洞。落水洞下面，是很深的黑暗。曲

水滴从高处跌落，既写水由丽江坝向下奔流的姿态，又引出了丽江人对水流跌落之处的独特称呼——落水洞。同时，跟随着这滴水的视角，我们还能进入落水洞深处一探究竟，以一滴水为视角可以打破空间的限制，带来新奇的体验。深入落水洞下，一切陡然寂静起来，黑暗曲折的水道，古老沉寂的岩石，画面的舒缓也放缓了行文的节奏，此处犹

如热烈乐章后的渐弱节奏，昭示着这一乐章的结束，而下一乐章正在酝酿……

　　以一滴水为视角，不仅可以穿越空间的阻碍，呈现出独特的视角，更能够跨越时间的长河，弹指间便是百年光景。文章中时间的尺度不再局限于人类个体的短暂生命，百年时间之于自然宇宙而言并不如此沉重。一滴水虽然微小，却能让读者在这滴水的生命历程中感受天地浩然，增添了文章的意境。

　　地下的时光漫长，但是再次回到光明的世界只需要一瞬间。"惊醒"照应了上文的沉睡，象山是这滴水百年前还在眺望的远方，如今这滴水已经到达了脚下，表现出了这滴水的行踪变化。"咕咚"也从听觉的角度形象地展现出水从地下涌出的状态。

　　这里只是如实地罗列出了这滴水的所见，却向我们展现出百年之后也就是当下的丽江风采。现在，丽江已经世界闻名，吸引了来自世界各地的游客。此外，花与树还有亭台楼阁的交汇，还展现出丽江自然与人文景观的和谐。短句的连缀给人以目不暇

折的水道，安静的深潭。在充满寂静和岩石的味道的地下，我又睡去了。

　　再次醒来，时间又过去了好几百年。

　　我是被亮光惊醒的。我和很多水从象山脚下的黑龙潭冒出来，咕咚一声翻上水面，看见了很多不同模样的人。

黑头发的人，黄头发的人。黑眼睛的人，蓝眼睛的人。我看见了潭边的亭台楼阁，看见了花与树。

接之感，水滴好奇地看着百年后的世界，感受到了全新的气象。

这滴水来自玉龙雪山之巅，如今再次回望玉龙雪山，雪山上的冰雪在阳光的照射下显得晶莹，又倒映在剔透的潭水中，澄澈透明的世界十分炫目。水、雪、冰本是同一物质的不同形态，潭中水曾是山上雪，此刻它们互相映照，不禁让人感叹自然之美妙。

我还顺着人们远眺的目光看见了玉龙雪山，晶莹夺目矗立在蓝天下面。潭水映照雪山，真让人目眩神迷啊。

人们在桥上，在堤上，说着不同的语言。在不同的语言里，都有那个词频频出现：丽江，丽江。这时的丽江已经是一座很大的城了。城里也不是只有最初筑城的纳西人了。如今全中国全世界的人都要来丽江，看纳西古城的四方街，看玉龙雪山。

百年的时光里，城筑成了，越来越多的人来到这里，这些人来自世界各地，共同点就是他们口中都在念着"丽江"，可见正是丽江独特的魅力吸引着世界的目光，这些人都为一览这彩云之南的美丽城市而来。纳西族虽然是一个古老的民族，但是面对世界却有着兼容并包的开放姿态。纳西族人相信人与自然同源，在自然界中任何事物都是相互依存的，因此他们友好地接受新鲜血液的加入，不断创新演变，犹如百川汇海一般既保持着流动的活力，又积淀着文化的深度。

此句呼应前文，流过四方街的愿望在沉睡百年之后也依然不忘，可见四方街的吸引力之大。

我记起了跌进落水洞前的心愿：也要流过四方街。

顺着玉河，我来到了四方街前。

进城之前，一道闸口出现在前面。过去，把水拦在闸前，是为了在四方街上的市集散去的黄昏开闸放水，古城的五花石的街道上，水流漫溢，洗净了街道。今天，一架大水车来把我们扬到高处，游览古城的人要把这水车和清凉的水做一个美丽的背景摄影留念。我乘水车转轮缓缓升高，看到了古城，看到了狮子山上苍劲的老柏

这滴水从玉龙雪山之巅而来，此时被一架大水车再次扬到高处，雪山来自自然，水车由人所创造，这滴水再次感受到相似的体验，暗含着自然与人文的交融。水流升上高处，看到了古城，看到了远山与柏树，房屋是依山而建的，老街顺水而走，"依"与"顺"这两个字形象地展现出了丽江自然与人文景观和谐共生的状态。传统的城市规划与建筑设计一般都是中正平直的，以北京城和紫禁城的设计为例，从街道到建筑都是中轴对称，四四方方规整有序。而在丽江，纳西族人顺应自然，在建筑时并不过多改变原有的地势走向，因此造就了丽江古城依山傍水的独特自然美感。山林环抱，流水潺潺，古城建筑点缀其间，自然与人文共同造就了丽江之美，

树，看到了依山而起的重重房屋，看到了顺水而去的蜿蜒老街。古城的建筑就这样依止于自然，美丽了自然。

从水车上哗然一声跌落下来，回到了玉河。在这里，我有些犹豫。因为河流将要一分为三，流过古城。作为一滴水，不可能同时从三条河中穿越同一座古城。因此，所有的水，都在稍作徘徊时，被急匆匆的后来者推着前行。来不及做出选择，我就跌进了三条河中的一条，叫作中河的那一条。

水流洗净污浊让古城永葆洁净清新，又为古城注入了灵魂与活力，滋养了这一方土地。

"哗然"表现出了水从水车上跌落的声音，水车的声响在古城中回环往复，构成了古城动听的背景音。此时河流一分为三，河流的分流造就了分流前流水的迂回，这一过程被描绘成了水的"犹豫"。作为一滴水，"我"和所有的水滴一样并不能做出选择，"我"的犹豫是因为对每一条河流途经的美景"我"都想要领略，但是以一滴水为视角就必然有局限性，只能选择其中的一条。同时，对这一选择"我"也没有主动权，被后来者推着匆匆前行。"逝者如斯夫，不舍昼夜"，水流就是如此日夜不停向前奔流，这就是自然的规律，对此"我"也并不表现出遗憾。

银器、翡翠、老者、古代音乐这一系列富有东巴文化色彩的意象构成了极富民族特色的生动画卷。"叮叮当当"表现出敲打银器的声响，灵动悦耳，仿佛可以看到银器闪动的光彩。接着又运用比喻的修辞手法，将翡翠比喻成水，展现出翡翠的剔透，碧绿则表现出翡翠独有的高贵典雅的色泽。水头与颜色是评判翡翠品质的两个重要标准，可见这里的翡翠品质之高，令人赏心悦目。这里的老者演奏古代音乐，传统文化在他们身上得以延续。未经过多雕琢的语言清丽质朴，一如丽江澄澈如洗的纯净气质。

东巴象形文字被称为世界上唯一存活着的象形文字，被誉为文字的"活化石"，是纳西族文化的精神宝库。人与自然的共生中，水有着极高的地位，既是生命之源，又可以降下灾难惩罚人类，纳西族人相信自然之神就居住在水域。纳西族人敬畏水，在人生各种大事的仪式中，都有与水有关的祭祀典礼，形成了一系列与水有关的独特民俗。纳西族人对于水的深厚情感，背后反映的实则是纳西族人崇尚自

我穿过了一道又一道小桥。

我经过叮叮当当敲打着银器的小店。经过挂着水一样碧绿的翡翠的玉器店。经过一座院子，白须垂胸的老者们，在演奏古代的音乐。

经过售卖纳西族的东巴象形文字的字画店。我想停下来看看，东巴文的"水"字是怎样的写法。但我停不下来，没有看见。我确实想停下来，想被掺入砚池中，被蘸到笔

尖，被写成东巴象形文的"水"，挂在店中，那样，来自全世界的人都看见我了。

然的、质朴的生活状态。作为一滴水，"我"好奇在这个古老文字中，自己是如何被写就的，所以就想要被蘸到笔尖，写在纸上骄傲地向世界介绍东巴文化。作者以一滴水的视角巧妙地展示了丽江从自然景观到人文景观，再到文化内涵的多维度风采，匠心独具。

在又一座桥边，一个浇花人把手中的大壶没进了渠中。我立即投身进去，让这个浇花的妇人，把我带进了纳西人三坊一照壁的院子。

这滴水宛如可爱活泼的精灵，轻盈一跃离开了自然的河流，投入了纳西族妇人浇花的壶中，也带读者走进了纳西族人的生活中。"三坊一照壁"是纳西族常见的民居形式，即正房一坊，左右厢房各一坊，加上正房对面的一照壁，合围成一个院落。丽江地区植被丰茂，又有充足的石材资源，因此在建材上，纳西族人就地取材，多选用木材和土石，富有鲜明的地域特色。此外，善于学习的纳西族还吸收了汉族、白族、藏族等民族的建筑特色，形成了多民族融合的独特风格。之前在面对河流奔流时，这滴水不能选择自己前进的方向，但是这一次它抓住机会，主动选择了自己前行的方向。

这滴水落在了花上，以全景扫视的形式展现出了屋内和乐融融的景象。楼上楼下既有屋主一家闲话家常，又有寄居的旅客在此眺望远处美景，两者互相交谈，室内外的空间通过话语形成互动，主客之间的友好往来展现出了纳西族人朴实好客的品质。这滴水因为太阳出来了，害怕被迅速蒸发，就借微风再次跳回浇花壶中，这滴水是如此俏皮灵动，既有人的心理，又身姿轻盈，宛如精灵般自由穿梭在丽江古城的角落，带我们领略这里的风土人情。

院子里，兰花在盛开。浇花时，我落在了一朵香气隐约的兰花上。我看到了，楼下正屋，主人一家在闲话。楼上回廊，寄居的游客端着相机在眺望远山。楼上的客人和楼下的主人大声交谈。客人问主人当地的掌故。主人问客人远方的情形。太阳出来了，我怕被迅速蒸发，借一阵微风跳下花朵，正好跳回浇花壶中。

文中这滴水的行踪串联起了空间的转换，这滴水既顺着自然界的山川河流行进，又跟随纳西族人的日常生活穿梭，巧妙无痕地串联起了丽江古城丰富的自然人文景观而不显单调。此时时间到了晚上，灯光亮起来了，丽江古城的夜晚也是如此丰富多彩，人们欢歌笑语尽情

黄昏时，主人再去打水浇花时，我又回到了穿城而过的水流之中。这时，古城五彩的灯光把渠水辉映得

五彩斑斓。游客聚集的茶楼酒吧中，传来人们的欢笑与歌唱。这些人来自远方，在那些地方，即便是寂静时分，他们的内心也很喧哗；在这里，尽情欢歌处，夜凉如水，他们的心像一滴水一样晶莹。

好像是因为那些鼓点的催动，水流得越来越快。很快，我就和更多的水一起出了古城，来到了城外的果园和田地里。一些露珠从树叶上落下，加入了我们。在宽广的丽江坝中流淌，穿越大地时，头顶上是满天

地宣泄。此处将"喧哗"与"寂静"进行对比，远方外界环境的寂静无法抚平人内心的躁动，而在这里即便人们在尽情欢唱，内心却是澄澈透明的。在此处，人们领略到了自然与人类和谐共处的美好，感悟到了兼容并包的民族风采，抛开了一切的隔阂，人与自然，他人与自我……回到了最本真的状态，就像这一滴水，走过时间的长河，却依然保有透明清灵的灵魂。

声音在文中的各个场景中出现，瀑布声，水流声，叮当的银器声，人们的歌声，鼓声……自然声与人声交织出一曲动人的交响乐。水流也仿佛在鼓点的催动下越流越快，时刻让人感受到自然与人文的交融。欢歌笑语渐渐远去，一切又再次归于宁静，是走过一场绝妙的表演散场后意犹未尽的宁静。头顶是漫天星辰，月亮当空。这里将薄云掠过月亮比作银匠擦拭银盘，生动形象地展现出了薄云笼月的优美景象，让人感受到古城恬静美好的意境。同时，奇特的想象也非常符合丽江古城的民族特质，引发读者的联想。

星光。一些薄云掠过月亮时，就像丽江古城中，一个银匠，正在擦拭一只硕大的银盘。

黎明时分，作为一滴水，我来到了喧腾奔流的金沙江边，跃入江流，奔向大海。我知道，作为一滴水，我终于以水的方式走过了丽江。

　　这滴水在灵魂觉醒后，酣畅自由地领略了丽江的风光，跃动着生命的活力。我们跟随这滴水走过了我们难以企及的地下深处，又追随着它精灵般的脚步感受了丽江的风土人情，思考了自然与人类的永恒话题，我们也仿佛冲破了时间的牢笼，将自己短暂的个体生命置于宏大的宇宙中，完成了一次视觉与精神的双重洗礼。这一路曲折漫长，面对无法选择的前路，这滴水依然向前流淌，追随着自己的理想，想去看看丽江古城，去看看四方街，它悦纳命运的每一份赐予，这种对生命的热情与追求也深深打动了读者。水终将奔流到海，但这并不是它生命的尽头，它会再次变成云雾，化成雪，或许还会再次落在玉龙雪山之巅。

　　在视角的选择上，阿来另辟蹊径，选择将一滴水拟人化，以一滴水的视角带领读者领略丽江独特的风土人情。全文采用移步换景的方式，巧妙地将景物以空间顺序呈现出来，承接空间转换的正是这滴水的行踪。这样的视角选择充满想象力，能够引起读者的极大阅读兴趣。除了引起阅读兴趣之外，以一滴水为视角还可以打破时间和空间的阻隔，我们可以跟随这滴水走过山川河流，也可以跨越时间的长河，对丽江的自然环境、风土人情产生新的认识。而读这篇非典型的游记，仅仅感受到新奇有趣是远远不够的。阿来是一名藏族作家，藏族聚居区的自然风光、人文关怀都在他的身上留下了深刻的烙印，他对所处的世界保有着原始而澄澈的关照，他的文字贴近大地又有着对生命本真的认知，因此我们也可以感受到在文中作者对丽江古城那种人与自然和谐共处的赞美。这滴水不仅以观察的视角向我们展现出了这一切，这滴水本身的生命历程也值得我们赞叹。这滴水拥有最清澈的灵魂，它从一滴水化成高空的雾气，凝结成一片雪落在玉龙雪山之巅，漫长的岁月里变成冰川的一部分，在阳光的照耀下再次变回一滴水，变成瀑布的一分子跌落黑暗的落水洞，百年沉寂之后才从黑龙潭冒出来，流入玉河，跳进了浇花妇人的浇水壶中，被带到纳西族人的院子里，又趁机回到玉河，流向城外，来到金沙江，奔流入海。在这个漫长的生命历程中，它好奇地张望前方的世界，它有着自己的理想追求，但是面对命运无法选择的无奈，它并没有灰心气馁，它热情地拥抱眼前所见的一切，也会主动抓住时机，实现自己的理想，我们怎能不被这滴小小的水打动呢？面对人与自然这一永恒的话题，在恐惧与傲慢之间，这滴水带我们领略了另一种可能。

图书在版编目（CIP）数据

名篇悦读：激活语文学习力. 自然篇 / 吴钟铭主编.
—北京：现代教育出版社，2023.8
　　ISBN 978-7-5106-9243-7

　　Ⅰ.①名… Ⅱ.①吴… Ⅲ.①阅读课－初中－教学
参考资料 Ⅳ.①G634.333

中国国家版本馆CIP数据核字（2023）第123382号

名篇悦读·激活语文学习力　自然篇

主　　编	吴钟铭
出 品 人	陈　琦
选题策划	王春霞
责任编辑	王　薇
装帧设计	赵歆宇　张　琪
出版发行	现代教育出版社
地　　址	北京市东城区鼓楼外大街26号荣宝大厦三层
邮　　编	100120
电　　话	（010）64251036（编辑部）
	（010）64256130（发行部）
印　　刷	三河市祥达印刷包装有限公司
开　　本	710 mm×1000 mm　1/32
印　　张	5.5
字　　数	140千字
版　　次	2023年8月第1版
印　　次	2023年8月第1次印刷
书　　号	ISBN 978-7-5106-9243-7
定　　价	36.00元